ज़ौक़

लोकप्रिय शायर और उनकी शायरी

संपादक : प्रकाश पंडित
सह-संपादक : सुरेश सलिल

ज़ौक़ की जीवनी और उनकी बेहतरीन
ग़ज़लें, रुबाइयाँ, सेहरा और मसनवी

ISBN : 9789386534019

ZAUQ (Life-sketch and poetry)

Editor : Prakash Pandit, Associate Editor : Suresh Salil

राजपाल एण्ड सन्ज़

1590, मदरसा रोड, कश्मीरी गेट, दिल्ली-110006

फोन : 011-23869812, 23865483, फैक्स : 011-23867791

e-mail : sales@rajpalpublishing.com

www.rajpalpublishing.com

www.facebook.com/rajpalandsons

रुबाइयाँ, सेहरा, मसनवी 111

क्रम

हमारे शे'र सुनकर 'ज़ौक़' बज़्मे आलम में
हुए कायल हैं अब अहले-नज़र ऐसे न होते थे

जीवनी

मुग़लिया सल्तनत के आख़िरी चिराग़ बहादुरशाह द्वितीय के शहज़ादे जवांबख़्त की शादी है। 'ग़ालिब' एक सेहरा पेश करते हैं जिसका मक़तअ़ है :

हम सुख़न-फ़हम हैं 'ग़ालिब' के तरफ़दार नहीं
देखें इस सेहरे से कह दे कोई बेहतर सेहरा

बादशाह को ख़याल होता है कि 'ग़ालिब' उनकी सुख़नफ़हमी पर चोट कर रहे हैं कि मुझ जैसे बाकमाल शायर के रहते हुए 'ज़ौक़' को उस्ताद किया है। फ़ौरन ही उस्ताद बुलाये जाते हैं और हुक्म होता है कि जवाब में सेहरा लिखो और इसी वक़्त लिखो। 'ज़ौक़' बेचारे वहीं बैठ जाते हैं और जवाब में सेहरा लिख देते हैं। बादशाह की उस्तादी भी पकड़बुलावे की नौकरी है।

लेकिन शायद आप यह कहें कि इसमें ज़बर्दस्ती की क्या बात है, 'ज़ौक़' ने तो खुशी से अपने ऊपर की गयी 'चोट' का जवाब दिया होगा। बहुत अच्छा, मान लिया। लेकिन इस पर क्या कहियेगा—बरसात का मौसम है, बादशाह के साथ युवराज मिर्ज़ा फ़ख़रू भी कुतुब साहब के पास चाँदनी रात में तालाब के किनारे सैर कर रहे हैं। 'ज़ौक़' भी खड़े हैं। 'मिर्ज़ा' फ़ख़रू भी 'ज़ौक़' के शागिर्द हैं। उनकी ज़बान से मिसरा निकलता है—"चाँदनी देखे अगर वह महजबीं तालाब पर," और साथ ही हुक्म होता है कि उस्ताद, इस पर मिसरा लगाना। उस्ताद फ़ौरन मिसरा लगाते हैं, "ताबे-अक़्से-रुख़ से पानी फेर दे महताब पर।"

बादशाह की उस्तादी 'ज़ौक़' को किस क़दर महंगी पड़ी थी, यह उनके शागिर्द मौलाना मुहम्मद हुसैन 'आज़ाद' की ज़बानी सुनिए :

''वह अपनी ग़ज़ल खुद बादशाह को न सुनाते थे। अगर किसी तरह उस तक पहुँच जाती तो वह इसी ग़ज़ल पर खुद ग़ज़ल कहता था। अब अगर नयी ग़ज़ल कह कर दें और वह अपनी ग़ज़ल से पस्त हो तो बादशाह भी बच्चा न था, 70 बरस का सुख़न-फ़हम था। अगर उससे चुस्त कहें तो अपने कहे को आप मिटाना भी कुछ आसान काम नहीं। नाचार अपनी ग़ज़ल में उनका तख़ल्लुस डालकर दे देते थे। बादशाह को बड़ा ख़याल रहता था कि वह अपनी किसी चीज़ पर ज़ोरे-तबअ़ न ख़र्च करें। जब उनके शौक़े-तबअ़ को किसी तरफ़ मुतवज्जह देखता जो बराबर ग़ज़लों का तार बाँध देता कि कुछ जोशे-तबअ़ हो इधर ही आ जाये।''

शाही फ़रमायशों की कोई हद न थी। किसी चूरनवाले की कोई कड़ी पसन्द आयी और उस्ताद को पूरा लटका लिखने का हुक्म हुआ। किसी फ़क़ीर की आवाज़ हुज़ूर को भा गयी है और उस्ताद पूरा दादरा बना रहे हैं। टप्पे, ठुमरियाँ, होलियाँ, गीत भी हज़ारों कहे और बादशाह को भेंट किये। खुद भी झुँझला कर एक बार कह दिया :

'ज़ौक़ ' मुरत्तिब क्योंकि हो दीवां शिकवाए-फुरसत किससे करें
बांधे हमने अपने गले में आप 'ज़.फ़र' के झगड़े हैं

और एक वर्तमान आलोचक हैं कि 'ज़ौक़' का नाम महाकवियों की सूची में रखने में हिचकते हैं। 'ग़ालिब', 'मोमिन', 'आतिश', 'नज़ीर' सभी इस ज़माने के आलोचकों के प्रिय कवि हैं। 'ज़ौक़' की लोकप्रियता, मालूम होता है पिछली पीढ़ी के साथ तिरोहित हो गयी। 'ग़ालिब', 'मोमिन' आदि के कमाल पर जिसे शक हो उस पर सौ लानतें, लेकिन उन उस्तादों की प्रशस्ति के लिए 'ज़ौक़' या 'दाग़' के अपने कमाल की ओर से उपेक्षा बरतना भी निष्पक्ष आलोचना नहीं कही जा सकती। अगर और बातों को छोड़ दिया जाये तो भी सिर्फ़ इतनी सी ही बात 'ज़ौक़' को अमर कर देने के लिए काफ़ी है कि वे उम्र भर अपने कांधे पर सल्तनते-मुग़लिया के भारी-भरकम ताज़िए बहादुरशाह 'ज़फ़र' को ढोये रहे और साथ ही साहित्य को स्पष्टत: कुछ ऐसी चीज़ें भी दे गये जिनका आज की अस्थिर मनोवैज्ञानिक पृष्ठभूमि में चाहे कुछ महत्त्व न मालूम हो किन्तु जिनमें

निस्सन्देह कुछ स्थायी मूल्य निहित हैं जिससे किसी ज़माने में इनकार नहीं किया जा सकता।

लेकिन 'ज़ौक़' के काव्य के इन स्थायी तत्वों की व्याख्या के पहले उनके बारे में फैली हुई कुछ भ्राँतियों का निवारण आवश्यक मालूम होता है। पहली बात तो यह है कि समकालीन होने के लिहाज़ से उन्हें 'ग़ालिब' का प्रतिद्वंद्वी समझ लिया जाता है और चूँकि यह शताब्दी 'ग़ालिब' के उपासकों की है इसलिए 'ज़ौक़' से लोग ख़ामख़ाह ख़ार खाये बैठे हैं। इसमें कोई शक नहीं कि समकालीन महाकवियों में कुछ न कुछ प्रतिद्वंद्विता होती ही है और 'ज़ौक़' ने भी कभी-कभी मिर्ज़ा 'ग़ालिब' की छेड़छाड़ की बादशाह से शिकायत कर दी थी, लेकिन इन दोनों की प्रतिद्वंद्विता में न तो वह भद्दापन था जो 'इंशा' और 'मसहफ़ी' की प्रतिद्वंद्विता में था, न इतनी कटुता जो 'मीर' और 'सौदा' में—बावजूद इसके कि 'मीर' और 'सौदा' एक-दूसरे के कमाल के क़ायल थे—कभी-कभी दिखाई देती है। 'ज़ौक़' और 'ग़ालिब' में 'दाग़' और 'अमीर' की भाँति समकालीन होते हुए भी प्रतिद्वंद्विता का अभाव और परस्पर प्रेम भी नहीं दिखाई देता, वास्तविकता यह है कि 'ज़ौक़' और 'ग़ालिब' दोनों ने इस बात को महसूस कर लिया था कि उनकी प्रतिद्वंद्विता का कोई प्रश्न ही नहीं उठता। 'ग़ालिब' नयी भाव-भूमियों को अपनाने में दक्ष थे और वर्णन-सौन्दर्य की ओर से उदासीन; 'ज़ौक़' का कमाल वर्णन-सौन्दर्य में था और भावना के क्षेत्र में बुज़ुर्गों की देन ही को काफ़ी समझते थे। प्रतिद्वंद्विता का प्रश्न ही नहीं पैदा होता था।

साथ ही, जैसा कि हर ज़माने के समकालीन महाकवि एक-दूसरे के कमाल के क़ायल होते हैं, यह दोनों बुज़ुर्ग भी एक-दूसरे के प्रशंसक थे। 'ग़ालिब' तो बहते दरिया थे, उनकी ईमानदारी का क्या कहना!

'मोमिन' के इस शे'र के बदले में :

तुम मेरे पास होते हो गोया
जब कोई दूसरा नहीं होता।

—'ग़ालिब' अपना पूरा दीवान देने को तैयार थे। 'ज़ौक़' के भी वे प्रशंसक थे और अपने एक पत्र में उन्होंने 'ज़ौक़' के इस शे'र की प्रशंसा की है :

अब तो घबरा के ये कहते हैं कि मर जायेंगे
मर गये पर न लगा जी तो किधर जायेंगे।

और उधर 'ज़ौक़' भी मुँह-देखी में नहीं बल्कि अपने दोस्तों और शागिर्दों में बैठकर कहा करते थे कि मिर्ज़ा (ग़ालिब) को खुद अपने अच्छे शे'रों का पता नहीं है और उनका यह शे'र सुनाया करते थे :

दरियाए-मआ़सी[1] तुनुक-आबी[2] से हुआ खुश्क
मेरा सरे-दामन भी अभी तर न हुआ था।

मैं नहीं कह सकता कि वर्तमान आलोचकों की निगाहें कहाँ तक इस शे'र की गहराई को देख सकी हैं लेकिन मुझे खुद मिर्ज़ा का यह शे'र उनके सारे दीवान से भारी मालूम होता है और मैं 'ज़ौक़' की परिष्कृत रुचि का क़ायल हो गया हूँ जिन्होंने उस आकारवादी (Formalistic) युग में और स्वयं आकारवाद के एक प्रमुख स्तम्भ होते हुए भी इस शे'र को 'ग़ालिब' के दीवान के घने जंगल में से छाँट लिया।

'ज़ौक़' के मुकाबले में 'ग़ालिब' को ऊँचा उठाने में कुछ लोग दो बातों पर ख़ास तौर पर ज़ोर देते हैं। एक तो 'ग़ालिब' की निर्धनता में भी कायम रहने वाली मस्ती और दूसरे उनका आत्मसम्मान। 'ग़ालिब' में ये दोनों बातें थीं इससे किसी को इनकार न होना चाहिए, लेकिन मालूम नहीं लोग यह क्यों नहीं देख पाये कि 'ज़ौक़' में ये दोनों गुण 'ग़ालिब' से कम नहीं, कुछ अधिक ही थे। हाँ, यह बात ज़रूर है कि 'ग़ालिब' ने अपने पत्रों में इन गुणों का स्वयं ही प्रदर्शन कर दिया है। 'ज़ौक़' बिलकुल खामोश हैं और हमें खुद मेहनत करके उनके व्यक्तित्व की गहराई को जाँचना पड़ेगा।

मलिकुश्शोअ़रा ख़ाक़ानी-ए-हिन्द शेख़ इब्राहीम 'ज़ौक़' 1204 हि. तदानुसार 1789 ई. में दिल्ली के एक ग़रीब सिपाही शेख़ मुहम्मद रमज़ान

---

1. पाप की नदी 2. जलाभाव

के घर पैदा हुए थे। शेख़ रमज़ान नवाब लुत्फअली खां के नौकर थे और काबुली दरवाज़े के पास रहते थे। शेख़ इब्राहीम इनके इकलौते बेटे थे। बचपन में मुहल्ले के एक अध्यापक हाफ़िज़ गुलाम रसूल के पास पढ़ने के लिए जाते। हाफ़िज जी शायर भी थे और मदरसे में भी शे'रो-शायरी की चर्चा होती रहती थी, इसी से मियां इब्राहीम की तबीयत भी इधर झुकी। इनके एक सहपाठी मीर काज़िम हुसैन 'बेक़रार' भी शायरी करते थे और हाफ़िज़ जी से इस्लाह लेते थे। मियां इब्राहीम की उनसे दोस्ती थी। एक रोज़ उन्होंने एक ग़ज़ल सुनाई जो मियां इब्राहीम को पसन्द आयी। पूछने पर काज़िम हुसैन ने बताया कि हम तो शाह नसीर (उस ज़माने के एक मशहूर शायर) के शागिर्द हो गये हैं और ग़ज़ल उन्हीं की संशोधित की हुई है। चुनांचे इब्राहीम साहब को भी शौक़ पैदा हुआ कि उनके साथ जाकर शाह नसीर के शिष्य हो गये।

लेकिन शाह नसीर ने इनके साथ वैसा सुलूक न किया जैसा बुज़ुर्ग उस्ताद को करना चाहिए था। मियां इब्राहीम में काव्य-रचना की प्रतिभा प्रकृति-प्रदत्त थी और शीघ्र ही मुशायरों में इनकी ग़ज़लों की तारीफ़ होने लगी। शाह नसीर को ख़याल हुआ कि शायद शागिर्द उस्ताद से भी आगे बढ़ जाये और उन्होंने न केवल इनकी ओर से बेरुख़ी बरती बल्कि इन्हें निरुत्साहित भी किया। इनकी ग़ज़लों में कभी बेपरवाही से इस्लाह दी और अक्सर बग़ैर इस्लाह के ही बेकार कहकर वापस फेरने लगे। इनके अस्वीकृत शे'रों के मज़मून भी शाह नसीर के पुत्र शाह वजीहुद्दीन 'मुनीर' की ग़ज़लों में आने लगे जिससे इन्हें ख़याल हुआ कि उस्ताद इनके विषयों पर शे'र कहकर अपने पुत्र को दे देते हैं। इससे कुछ यह खुद ही असन्तुष्ट हुए, कुछ मित्रों ने उस्ताद के खिलाफ़ इन्हें उभारा। इसी दशा में एक दिन यह 'सौदा' की एक ग़ज़ल पर ग़ज़ल कहकर उस्ताद के पास लेकर गये। उन्होंने नाराज़ होकर ग़ज़ल फेंक दी और कहा, "अब तू मिर्ज़ा रफ़ी सौदा से भी ऊँचा उड़ने लगा?" यह हतोत्साहित होकर जामा मस्ज़िद में आ बैठे। वहाँ एक बुज़ुर्ग मीर कल्लू 'हक़ीर' के प्रोत्साहन से ग़ज़ल मुशायरे

में पढ़ी और खूब वाहवाही लूटी। उस दिन से 'ज़ौक़' ने शाह नसीर की शागिर्दी छोड़ दी।

उस्ताद से 'आज़ाद' हो गये तो ख़याल हुआ कि शहर में होने वाली नामवरी को आगे बढ़ाकर शाही क़िले पहुँचाया जाये। उन दिनों अकबर शाह द्वितीय बादशाह थे। उन्हें कविता से कुछ लगाव न था लेकिन युवराज मिर्ज़ा अबू ज़फ़र (जो बाद में बहादुरशाह द्वितीय के नाम से बादशाह हुए) स्वयं कवि थे और क़िले में अक्सर काव्य-गोष्ठियाँ कराया करते थे जिनमें उस समय के पुराने-पुराने शायर आते थे। लेकिन मियां इब्राहीम एक ग़रीब सिपाही के बेटे, किसी रईस की ज़मानत के बग़ैर क़िले में कैसे जाने पायें। काफ़ी कोशिश के बाद मीर काज़िम हुसैन की मध्यस्थता से क़िले के मुशायरों में शरीक होने लगे। काज़िम साहब खुद भी उस ज़माने के अच्छे शायरों में समझे जाने लगे थे।

उन दिनों शाह नसीर युवराज के कविता-गुरु थे। कुछ दिनों बाद वे दीवान चन्दूलाल के बुलावे पर हैदराबाद चले गये क्योंकि आर्थिक दृष्टि से वह दरबार दिल्ली से कहीं लाभदायक था। उनके बाद मीर काज़िम हुसैन युवराज को इस्लाह देने लगे लेकिन कुछ दिनों बाद वे भी मि. जॉन ऐलफ़िन्सटन के मीर-मुंशी होकर पश्चिम की ओर चले गये। ऐसे में एक दिन संयोगवश युवराज ने 'ज़ौक़' को (जो अभी बिलकुल लड़के ही थे) अपनी ग़ज़ल दिखाई। इस्लाह उन्हें इतनी पसन्द आयी कि उन्होंने इन्हें अपना कविता गुरु बना लिया और तनख़्वाह भी चार रुपया महीना मुकर्रर कर दी।

इस अल्प वेतन का भी दिलचस्प इतिहास है। बादशाह अकबर शाह अपनी एक बेग़म मुमताज़ महल से खुश थे और उनके कहने से मिर्ज़ा ज़फ़र को युवराज-पद से अलग करना चाहते थे। अंग्रेज़ी अदालत में इसका मुक़द्दमा भी चल रहा था। युवराज को उनके नियत 5000 रुपये की बजाय 500 रुपया महीना ही मिलता था। इसी में सारे शाही ठाठ-बाट करने पड़ते थे। उनके मुख़्तारे-आ़म मिर्ज़ा मुग़ल बेग थे। इन महानुभाव का काम यह था कि युवराज पर जिसकी कृपा होती थी उसका पत्ता काटने की फ़िक्र

में लग जाते थे। चुनांचे इनकी मेहरबानी से तनख़्वाह चार रुपये से शुरू हुई और फिर दो बार तरक़्क़ी हुई तो चार से पाँच और पाँच से सात हो गयी। 'ज़ौक़' अगर चाहते तो युवराज से कहकर इस ज़लील तनख़्वाह को क़ायदे की करा सकते थे, लेकिन उन्होंने इस बारे में कभी अपने मालिक से एक शब्द भी नहीं कहा।

'ज़ौक़' के पिता ने उन्हें बादशाह से बिगाड़ करने वाले युवराज की इतनी कम तनख़्वाह पर नौकरी करने से मना भी किया लेकिन इन्हें कुछ युवराज की तबियत इतनी भा गयी थी कि किसी बात का ख़याल न किया और नौकरी करते रहे। इधर दिल्ली के एक पुराने रईस और मिर्ज़ा ग़ालिब के ससुर नवाब इलाही बख़्श खां ने इन्हें बुलवाया और यद्यपि वे स्वयं बहुत बूढ़े हो चुके थे तथापि इस अल्पायु कवि से अपनी कविताओं में संशोधन कराने लगे। 'ज़ौक़' अपने इन दोनों 'शागिर्दों' से उम्र और रुतबे में बहुत ही कम थे। साथ ही ख़ानदानी ग़रीबी ने पढ़ने भी ज़्यादा न दिया था। इसलिए यह अपनी उस्तादी क़ायम रखने के लिए खुद ही कविता का जी तोड़कर अभ्यास करने लगे और अपनी जन्मजात प्रतिभा के बल पर इस कला में शीघ्र ही निपुण हो गये। ख़ास तौर पर नवाब साहब की उस्तादी ने, जो हर रंग के शे'र कहते थे, इन्हें हर रंग का उस्ताद बना दिया।

इसी ज़माने में शाह नसीर हैदराबाद से लौटे। (शाह नसीर धनार्जन के लिए तीन बार हैदराबाद गये और फिर दिल्ली के आकर्षण ने उन्हें यहाँ ला खींचा। लखनऊ भी दो बार जाकर लौट आये। अन्त में चौथी बार की हैदराबाद यात्रा में उनका वहीं देहान्त हुआ।) दिल्ली आकर उन्होंने फिर अपने मुशायरे जारी कराये। अब 'ज़ौक़' इनमें शामिल हुए तो शागिर्द की नहीं, प्रतिद्वंद्वी की हैसियत से शामिल हुए। शाह नसीर ने एक ग़ज़ल लिखी थी जिसकी रदीफ़ थी ''आबो-ख़ाको-बाद''। उन दिनों मुश्किल रदीफ़-क़ाफ़ियों में पूरे मतलब के साथ और काव्य-परम्परा क़ायम रखते हुए ग़ज़लें कहना ही काव्य-कला का चरमोत्कर्ष समझा जाता था। शाह नसीर ने चुनौती दी कि इस रदीफ़ क़ाफ़िये में कोई ग़ज़ल कह दे तो उसे उस्ताद मान लूँ। 'ज़ौक़' को तो शाह साहब को नीचा दिखाना था। उन्होंने

इस ज़मीन में एक ग़ज़ल और तीन क़सीदे कह दिये। शाह साहब ने मुशायरे ही में उस पर अपने शागिर्दों से एतराज़ करवाये और खुद भी किये लेकिन 'ज़ौक़' ने अपने तर्कों से सब को चुप कर दिया। अब 'ज़ौक़' की धाक उस्ताद की हैसियत से अच्छी तरह जम गयी। लेकिन इससे यह न समझना चाहिए कि 'ज़ौक़' की व्यक्तिगत रूप से भी शाह साहब से अनबन हो गयी थी। दोनों के मैत्री-सम्बन्ध अन्त तक बने रहे। शाह नसीर की उर्स आदि की दावत में 'ज़ौक़' बराबर जाते थे। शाह नसीर अन्तिम बार जब हैदराबाद गये तो 'ज़ौक़' ने बुढ़ापे के ख़याल से उन्हें वहाँ जाने से रोकना भी चाहा था।

लेकिन 'ज़ौक़' को अपनी कविता की धाक बिठाने से अधिक अपनी कमज़ोरियों को दूर करने की चिन्ता थी। (बड़प्पन इसी तरह मिलता है।) उन्हें अपने अध्ययन के अभाव की बराबर खटक रहा करती थी। संयोग से अवध के नवाब के मुख्तार राजा साहब राम ने अपने पुत्र को तत्कालीन विद्याओं-इतिहास, तर्कशास्त्र, गणित आदि-में पारंगत करना चाहा और इसके लिए 'ज़ौक़' के एक पुराने गुरु मौलवी अब्दुर्रज़ाक को नियुक्त किया। एक दिन 'ज़ौक़' भी मौलवी साहब के यहाँ चले गये। राजा साहब उनकी योग्यता से इतने प्रभावित हुए कि इनसे कहा कि तुम बराबर पढ़ने आया करो। यहाँ तक कि अगर किसी कारण 'ज़ौक़' किसी दिन न आते तो राजा साहब का आदमी उन्हें ढूँढने के लिए भेजा जाता और अगर फिर भी वे न आते तो उस दिन की पढ़ाई स्थगित हो जाती। 'ज़ौक़' की क़िस्मत ही ज़ोरदार थी, वर्ना इतने निस्वार्थ सहायक कितनों को मिल पाते हैं।

लेकिन उनकी असली सहायक उनकी जन्मजात प्रतिभा और अध्ययनशीलता थी। कविता-अध्ययन का यह हाल कि पुराने उस्तादों के साढ़े तीन सौ दीवानों को पढ़कर उनका संक्षिप्त संस्करण किया। कविता की बात आने पर वह अपने हर तर्क की पुष्टि में तुरन्त फ़ारसी के उस्तादों का कोई शे'र पढ़ देते थे। इतिहास में उनकी गहरी पैठ थी। तफ़सीर (कुरान की व्याख्या) में वे पारंगत थे, विशेषतः सूफी-दर्शन में उनका अध्ययन बहुत गहरा था। रमल और ज्योतिष में भी उन्हें अच्छा-खासा दख़ल था

और उनकी भविष्यवाणियाँ अक्सर सही निकलती थीं। स्वप्न-फल बिलकुल सही बताते थे। कुछ दिनों संगीत का भी अभ्यास किया था और कुछ तिब्ब (यूनानी चिकित्सा-शास्त्र) भी सीखी थी। धार्मिक तर्कशास्त्र (मंतक़) और गणित में भी वे पटु थे। उनके इस बहुमुखी अध्ययन का पता अक्सर उनके क़सीदों से चलता है जिनमें वे विभिन्न विद्याओं के पारिभाषिक शब्दों के इतने हवाले देते हैं कि कोई विद्वान ही उनका आनन्द लेने में समर्थ हो सकता है। उर्दू कवियों में इस कोटि के विद्वान कम ही हुए हैं।

किन्तु उनकी पूरी प्रतिभा काव्य-क्षेत्र ही में दिखाई देती थी। 19 वर्ष की अवस्था में उन्होंने बादशाह अकबर शाह के दरबार में एक क़सीदा सुनाया। इसमें फ़ारसी काव्य में वर्णित समस्त अलंकार तो थे ही, साथ ही विभिन्न विधाओं की भी अच्छी जानकारी दर्शाई गयी थी। इसके अतिरिक्त इसमें एक ही ज़मीन में 18 विभिन्न भाषाओं में शे'र कहकर शामिल किये गये थे। इस क़सीदे का पहला शे'र यह है :

जब कि सरतानो-असद मेहर का ठहरा मसकन
आबो-ऐलोला हुए नश्वो-नुमाए-गुलशन

इस पर उन्हें 'ख़ाक़ानी-ए-हिन्द' का ख़िताब मिला। ख़ाकानी फ़ारसी भाषा का बहुत मशहूर क़सीदा कहने वाला शायर था। 19 वर्ष की अवस्था में यह ख़िताब पाना कमाल है।

36 वर्ष की अवस्था में समस्त पापों से तौबा की और इसकी तारीख़ कही : "ऐ ज़ौक़ बिगो सह बार तौबा।" यानी "ऐ ज़ौक़ तीन बार तौबा कह।"

बहादुरशाह बादशाह हुए तो उनके मुख़्तार मिर्ज़ा मुग़ल बेग मंत्री हुए। उन्होंने अपना पूरा कुनबा क़िले में भर लिया किन्तु उस्ताद की तनख़्वाह सात रुपये से बढ़ी तो तीस रुपया महीना हो गयी। 'ज़ौक़' को यह बेक़दरी बहुत बुरी मालूम होती थी। लेकिन स्वभाव में संतोष बहुत था। कभी बादशाह से इसकी शिकायत नहीं की। उन्हें खुद क्या ख़बर होती कि किसे कितना मिल रहा है। 'ज़ौक़' ग़रीबी के दिन काटते रहे।

अन्त में पाप का घड़ा फूटा। मिर्ज़ा मुग़ल बेग और उनका सारा कुनबा क़िले से निकाला गया। 'ज़ौक़' की तनख़्वाह बढ़कर सौ रुपया महीना हो गयी। यद्यपि यह तनख़्वाह भी उनकी योग्यता को देखते हुए कुछ न थी और हैदराबाद से दीवान चन्दूलाल ने ख़िलअ़त और 500 रुपये भेजकर इन्हें बुलाया लेकिन यह 'ज़फ़र' का दामन छोड़कर कहीं न गये।

तनख़्वाह के अलावा ईद-बक़रीद पर इनाम भी मिला करते थे। अन्तिम काल में उन्होंने बादशाह के बीमारी से अच्छे होने पर एक क़सीदा, "वाहवा, क्या मोतदिल है बाग़े-आ़लम की हवा" पढ़ा। इस पर उन्हें ख़िलअ़त, ख़ान बहादुरी का ख़िताब और चाँदी के हौदे के साथ एक हाथी मिला। फिर उन्होंने एक क़सीदा कहा, "शब को मैं अपने सरे-बिस्तरे-ख़्वाबे-राहत।" इस पर उन्हें एक गाँव जागीर में मिला।

अन्त में इस कमाल के उस्ताद ने 1271 हिजरी (1854 ई.) में सत्रह दिन बीमार रहकर परलोक गमन किया। मरने के तीन घंटे पहले यह शे'र कहा था :

कहते हैं 'ज़ौक़' आज जहाँ से गुज़र गया
क्या खूब आदमी था, खुदा मग़फ़रत करे

व्यक्तित्व और स्वभाव

भगवान ने 'ज़ौक़' को बुद्धि और मृदु स्वभाव देने में जो दानशीलता दिखाई थी, शारीरिक व्यक्तित्व देने में उतनी ही बेपरवाही बरती। उनका क़द साधारण से कुछ कम ही था और रंगत साँवली। चेहरे पर चेचक के दाग़ बहुतायत से थे। खुद कहते थे कि मुझे नौ बार चेचक निकली थी। किन्तु आँखें चमकती हुई थीं। चेहरे का नक़्शा खड़ा-खड़ा था। बदन में बहुत फ़ुर्ती थी, बहुत तेज़ चलते थे। कपड़े अक्सर सफ़ेद पहनते थे, वह उन पर भले ही लगते थे। आवाज़ ऊँची और सुरीली थी। मुशायरे में ग़ज़ल पढ़ते तो आवाज़ गूँजकर रह जाती थी। उनके पढ़ने का तर्ज़ भी बड़ा अच्छा था। हमेशा अपनी ग़ज़ल खुद ही पढ़ते थे, किसी और से कभी नहीं पढ़वाते थे।

उनकी स्मरण-शक्ति बड़ी तीव्र थी। जितनी विद्याएँ और उर्दू, फ़ारसी की जितनी कविता-पुस्तकें उन्होंने पढ़ी थीं, उन्हें वे अपने मस्तिष्क में इस प्रकार सुरक्षित रखे हुए थे कि हवाला देने के लिए पुस्तकों की ज़रूरत नहीं पड़ती थी, अपनी स्मरण-शक्ति के बल पर हवाले देते चले जाते थे। सही बात तो यह है कि इतनी विद्याओं का सीखना भी अति तीक्ष्ण ग्रहण-शक्ति और स्मरण-शक्ति के बग़ैर सम्भव नहीं था।

'ज़ौक़' मज़हब के बड़े पाबन्द थे। शारीरिक निर्बलता के कारण रोज़े न रखते थे लेकिन नमाज़ के पाबन्द थे। नमाज़ से पहले एक लोटा पानी से बराबर कुल्ले करते रहते थे। पूछने पर कहते कि इस ज़बान से न जाने कैसी गंदी-गंदी बातें निकलती रहती हैं। नमाज़ पढ़कर वज़ीफ़ा पढ़ते थे, फिर दुआएँ शुरू होती थीं। दुआएँ अपने लिए ही न करते थे, औरों के लिए भी करते थे। पहले अपने ईमान की सलामती, बदन की तन्दुरुस्ती और दुनिया की इज़्ज़त की दुआ माँगते, फिर बादशाह की सलामती और इक़बाल की। फिर अपने एकमात्र पुत्र मियां इस्माईल के लिए दुआ करते थे। इसके बाद इष्ट मित्रों की कठिनाइयाँ दूर करने के लिए प्रार्थना करते। एक बार जब सब लोगों के लिए दुआएँ कर रहे थे तो याद आ गया कि मुहल्ले के भंगी जुम्मा का बैल बीमार है। फ़ौरन ही दुआ की, "इलाही! जुम्मा हलालख़ोर का बैल बीमार है, उसे भी शिफ़ा दे। बेचारा बड़ा ग़रीब है, बैल मर जायेगा तो वह भी मर जायेगा।" मौलाना मुहम्मद हुसैन 'आज़ाद' के पिता, जो 'ज़ौक़' के मित्र थे, उस दिन उनके यहाँ मेहमान थे। यह बैल के लिए दुआ सुनकर बेइख़्तियार हँस पड़े। लेकिन इससे इतना तो प्रकट होता ही है कि 'ज़ौक़' की सहानुभूति का क्षेत्र सीमित न था, हर छोटे-बड़े के लिए उनके दिल में दर्द था और वह बादशाह की सलामती के साथ बैल के लिए भी दुआ कर सकते थे। क्यों न हो, दोनों का खुदा तो आख़िर एक ही था।

रोज़े नहीं रखते थे लेकिन रोज़ों के दिनों में किसी के सामने कुछ खाते-पीते नहीं थे। कहते थे, "खुदा से तो कुछ छुपा नहीं है, भला बंदों की तो कुछ शर्म रहे।"

अपनी वज़अ के बड़े पाबन्द थे। उम्र भर एक ही मकान में रहे।

मकान भी क्या, कबूतरों का दड़बा था। एक निहायत तंग आँगन था जिसमें केवल एक चारपाई आ सकती थी। इसी में खुर्री चारपाई पर बैठे रहते, हुक़्क़ा मुँह से लगा रहता और लिखे जाते या कोई किताब पढ़ते रहते थे। दोस्त अक्सर कहते कि यह मकान बदल लो, लेकिन वे हूँ-हाँ करके टाल जाते, मुस्कुराने लगते या किताब देखने लगते। ईद, बक़रीद, मेले-तमाशे वगैरा से कोई सरोकार न था। सारी उम्र एक ही धुन में काट दी।

'ज़ौक़' का काव्य

जैसा कि पहले कहा जा चुका है कि 'ग़ालिब' और 'मोमिन' की कल्पना की उड़ानों के मुक़ाबले की वजह से आज 'ज़ौक़' के काव्य की क़द्र कुछ कम हो गयी है, लेकिन ईमानदारी की बात यह है कि उन्नीसवीं शताब्दी के मध्य दिल्ली के ये तीनों उस्ताद अपने-अपने रंग में इतने बेजोड़ हो गये कि किसी का किसी से मुक़ाबला करना बिलकुल बेतुकी बात मालूम होती है। 'ज़ौक़' की विशेषता यह है कि वे शब्दों के उचित प्रयोग, कविता के प्रवाह, काव्य-नियमों की पाबन्दी और भाषा की सादगी और चुस्ती पर बहुत ध्यान देते थे और इस क्षेत्र में अपने ज़माने में अद्वितीय थे। उनकी इस परम्परा को उनके योग्य शिष्य 'दाग़' देहलवी ने चरम बिन्दु पर पहुँचा दिया और 'दाग़' स्कूल के स्नातक आज तक भाषा और अभिव्यक्ति-सौन्दर्य पर बड़ा ध्यान देते हैं और इस पर बड़ी मेहनत करते हैं।

'ज़ौक़' शब्द-विन्यास और वाक्य-विन्यास पर बहुत ध्यान देते थे। लेकिन इसका मतलब यह नहीं है कि उनका भाव-पक्ष बिलकुल कोरा था। मेरे विचार से उनका भाव-पक्ष 'ग़ालिब' की भाँति चमक-दमक वाला न होते हुए भी काफ़ी गम्भीर है और उसकी उपेक्षा नहीं की जा सकती।

भाषा-पक्ष में 'ज़ौक़' पर 'मीर' की बजाय 'सौदा' का असर है। 'सौदा' के काव्य की विशेषता कल्पना-शक्ति द्वारा नये-नये अन्दाज़े-बयाँ (वर्णन-शैली) निकालना, नयी-नयी सूक्तियों का समावेश, तेज़ और चमकते शब्दों का प्रयोग, बंदिश की चुस्ती और रवानी है। दरअसल 'सौदा' और 'ज़ौक़' दोनों ही क़सीदे के उस्ताद हुए हैं और क़सीदे के लिए उपर्युक्त काव्य-गुण

अनिवार्य हैं जिनका प्रभाव इन दोनों उस्तादों की ग़ज़लों में भी पाया जाता है। साथ ही 'ज़ौक़' पर कुछ-कुछ ख़्वाजा मीर 'दर्द' की सूफ़ीवादी मस्ती और 'जुर्रत' की सांसारिक प्रेम की मस्ती का भी प्रभाव पाया जाता है, लेकिन अधिक नहीं। उनकी तबियत 'सौदा' ही के काव्य से मेल खाती थी।

तत्कालीन काव्य-रुचि का प्रदर्शन उनकी मुश्किल ज़मीनों में कही गयी ग़ज़लों में भी हुआ है। उस ज़माने में उस्तादी का कमाल यही समझा जाता था कि मुश्किल ज़मीनों को तोड़कर ग़ज़ल कहते चलो, चाहे शे'रों में अपनी जगह कुछ दम हो या न हो। चुनांचे 'ज़ौक़' भी इन पत्थरों को अपने सिर से तोड़ते नज़र आते हैं :

बुलबुल हूँ सहने-बाग़ से दूर और शिकस्ता-पर
परवाना हूँ चिराग़ से दूर और शिकस्ता-पर

तमन्ना नहीं है कि इमदादे-दिल को
तपिश का सिला हो कि मुज़्दे क़लक़ हो
यही हक़ है क़ातिल अगर हक़ दिलाये
ये बिस्मिल तेरे पांव पर जां-बहक़ हो

'ज़ौक़' की तारीफ़ यह है कि उन्होंने इन मुश्किल ज़मीनों में भी चुस्ती और प्रवाह को हाथ से नहीं जाने दिया है। यह निपुणता निरन्तर काव्य-साधना के बग़ैर नहीं आ सकती।

'ज़ौक़' पर अभिव्यक्ति-चमत्कार का जादू और बातों में भी दिखाई देता है जब कि वे वर्णन-सौन्दर्य ही को दिखाने लग जाते हैं और वर्ण्य विषय की मौलिकता की चिंता नहीं करते। कभी वे मुहावरों के प्रयोग के पीछे पड़ जाते हैं :

क्या आये तुम आये घड़ी दो घड़ी के बाद
सीने में सांस होगी अड़ी, दो घड़ी के बाद

लेकर बुतों ने जान जब ईमां पे डाला हाथ
दिल क्या किनारे हो गया सब को संभालकर

कहीं पर शाब्दिक अनुरूपता ही के चक्कर में वे सब कुछ भूल जाते हैं :

सर्दमेहरी से किसी की आग से दिल सर्द है
यां से हट जा धूप ऐ अब्रे-बहारां छोड़कर
तेरे डर से न आया पास कोई नीम-जानों के
मगर रोना कभी चोरी से बाद-अज़-नीम-शब आया

कहीं सूक्तियों की नवीनता और मौलिकता ही को सब कुछ समझ बैठते हैं :

न करता ज़ब्त मैं नाला तो फिर ऐसा धुआं होता
कि नीचे आसमां के इक नया और आसमां होता

हर रोज़ उड़ा देता है वह करके तसद्दुक़
दो-चार असीरे-.क़.फसो-दामे-मुहब्बत

किन्तु इन विशेषताओं से-आप चाहें तो इन्हें कमज़ोरियाँ भी कह लें-'ज़ौक़' को सिर्फ़ लफ़्फ़ाजी का शायर समझना ग़लत होगा। उनका भाव-पक्ष भी अपनी जगह काफ़ी प्रबल है। दरअसल ताज्जुब तो यह है कि उस मुश्किल-पसन्दी के ज़माने में उन्होंने सादगी की राह खोलकर वर्तमान कविता के लिए जो ज़मीन तैयार की (जिसे उनके शिष्य 'दाग़' ने और भी मुलायम कर दिया) इसके लिए उनमें कितना आत्मविश्वास रहा होगा। उनके दीवान में ऐसे शे'रों की बहुतायत है जिनकी सादगी ही दिल में खुबी जाती है। कुछ उदाहरण देखिये :

मालूम जो होता हमें अंज़ामे-मुहब्बत
लेते न कभी भूल के हम नामे-मुहब्बत

हिकायत दिल की कहता हूँ, समझते हो शिकायत है
तुम्हीं समझो ज़रा दिल में समझे भी तो क्या समझे

अब तो घबरा के ये कहते हैं कि मर जायेंगे
मर गये पर न लगा जी तो किधर जायेंगे

'ज़ौक़' के भाव-पक्ष का आधार उनकी साधु प्रकृति है। संक्षेप में उनका जीवन-दर्शन यही है कि आदमी दुनिया में आकर घमंड न करे, दूसरों के काम आये, किसी का दिल न दुखाये, खुदा से डरता रहे और किसी से लड़ाई-भिड़ाई न करे। सबसे मेल-मुहब्बत से रहकर ख़ामोशी और सब्र से ज़िन्दगी बिताना ही उनका लक्ष्य है। अपनी हैसियत को दूसरों से संघर्ष करके बढ़ाना उनकी नज़र में बेकार था। उनके दीवान में लगभग हर ग़ज़ल में इस तरह की साधुतापूर्ण निःस्पृहता के शे'र मिलते हैं। कभी-कभी तो 'ज़ौक़' इन बातों की सादगी के चक्कर में कवित्व भी खो देते हैं :

नाम मंज़ूर है तो .फ़ैज़ के असबाब बना
पुल बना, चाह बना, मस्जिदो-तालाब बना

लेकिन अक्सर वे इन 'मामूली' तथ्यों को कुछ इस अन्दाज़ से कहते हैं कि यही बातें दिल में गड़कर रह जाती हैं। इन शे'रों की सादगी और असर देखिये :

जिस इन्सां को सगे-दुनिया न पाया
.फ़रिश्ता उसका हम-पाया न पाया

गया शैतान मारा एक सिजदे के न करने में
अगर लाखों बरस सिजदे में सर मारा तो क्या मारा

आदमीयत और शै है, इल्म है कुछ और शै
कितना तोते को पढ़ाया पर वो हैवां ही रहा

ऐ 'ज़ौक़' किसको चश्मे-हिक़ारत से देखिए
सब हम से हैं ज़ियादा कोई हम से कम नहीं

बजा कहे जिसे आ़लम उसे बजा समझो
जबाने-ख़ल्क़ को नक़्क़ाराए-खुदा समझो

न छोड़ तू किसी आ़लम में रास्ती कि ये शै
अ़सा है पीर को और सै.फ़ है जवां के लिए
लायी हयात, आये, क़ज़ा ले चली, चले
अपनी खुशी न आये, न अपनी खुशी चले

दुनिया ने किसका राहे-.फ़ना में दिया है साथ
तुम भी चले चलो युंही जब तक चली चले

हज़रते-'ज़ौक़' बड़े जूदगो (शीघ्रता से काव्य रचना करने वाले) शायर थे। जो कुछ उन्होंने लिखा वह सब जमा किया जाता तो न जाने कितनी जिल्दें भर जातीं। लेकिन अपने लिखे हुए का अधिकतर भाग तो बादशाह की भेंट कर दिया। 'ज़.फ़र' के चार दीवानों में 'ज़ौक़' की कितनी रचनाएँ हैं इसका सही अन्दाज़ा लगाना मुश्किल है। मौलाना मुहम्मद हुसैन 'आज़ाद' लिखते हैं कि इसके बाद भी काव्य-रचनाओं का बहुत बड़ा संग्रह था जो कि उनके जीवन-काल ही में सम्पादित होने लगा था किन्तु वे इसे पूरा होते न देख सके। उनके मरने के बाद धीरे-धीरे यह काम चलता रहा। इसी अरसे में ग़दर हो गया और अंग्रेज़ सिपाही उनके घर में घुस आये। 'आज़ाद' जल्दी-जल्दी में कुछ ग़ज़लों आदि को उठा लाये। उधर 'ज़ौक़' के अन्धे शिष्य हाफ़िज वीरान ने भी कुछ अपनी और कुछ मित्रों की याददाश्त से एक संग्रह उस्ताद का छपवाया। कुछ इसमें 'आज़ाद' ने भी जोड़ा। इस प्रकार ग़दर में लुटे-पिटे उनके काव्य-संग्रह का बचा-खुचा भाग हमारे सामने केवल एक जिल्द में है जिसमें 167 ग़ज़लें, 194 विविध शे'र, 24 क़सीदे, 1 मसनवी, 20 रुबाइयां, 5, 6 क़ते, 1 सेहरा, कुछ तारीख़ें और कुछ अपूर्ण क़सीदे आदि हैं। 'ज़ौक़' के काव्य-महासागर की यही कुछ बूँदें हमें मिल सकी हैं। 'आज़ाद' कहते हैं कि एक 500 शे'रों की अपूर्ण मसनवी भी थी जो ग़दर में नष्ट हो गयी।

'ज़ौक़' के सैकड़ों शागिर्द थे जिनमें 'ज़.फ़र', 'दाग़', मुहम्मद हुसैन 'आज़ाद', 'ज़हीर' और 'अनवर' मशहूर हुए हैं। उनके एकमात्र पुत्र ख़लीफ़ा

मुहम्मद इस्माईल की ग़दर में मृत्यु हो गयी। मालूम नहीं कि उनके वंशजों में अब कोई है भी या नहीं।

'ज़ौक़' और 'आज़ाद'

उर्दू के उस्तादुल उस्ताद शायर 'ज़ौक़' की ज़िन्दगी और शायरी के बारे में आज जितना-जो कुछ सुलभ है, उसका श्रेय मौलाना मुहम्मद हुसैन 'आज़ाद' को जाता है। 'आज़ाद' स्वयं शायर थे, नयी तर्ज़ के शायर थे और 'ज़ौक़' के शागिर्द रहे थे। मगर उनका महत्त्व जितना एक शायर के रूप में है, उससे बहुत ज़्यादा उर्दू शायरी के इतिहासग्रंथ 'आबेहयात' के लेखक-सम्पादक के रूप में है। 'आबेहयात' में 'आज़ाद' ने 'वली' से लेकर अपने वक़्त तक के सभी अज़ीमुश्शान शायरों की ज़िन्दगी और शायरी का तज़किरा, एक इतिहासकार के बजाय एक निपुण क़िस्सागो की भाँति किया है। अठारहवीं और उन्नीसवीं सदी के उर्दू शायरों की ज़िन्दगी और शायरी के बाबत पूरी बीसवीं सदी में उर्दू और हिन्दी में जितना-जो कुछ लिखा गया है उसका मूल स्रोत मुहम्मद हुसैन 'आज़ाद' कृत 'आबेहयात' है। उनकी महानता इस बात में भी है, कि खुद एक मानीख़ेज़ शायर होने के बावजूद, उन्होंने अपनी शायरी को बचाने के बजाय अपने उस्ताद की लगभग नष्टप्राय शायरी को बचाने को प्राथमिकता दी। 'ज़ौक़' की लगभग सारी पांडुलिपियाँ 1857 की उथलपुथल के दौरान नष्ट हो चुकी थीं-स्वयं 'ज़ौक़' तो उससे भी तीन साल पहले गुज़र चुके थे। 'ज़ौक़' की ज़िन्दगी और शायरी के गुमशुदा और टूटे तारों को जोड़ने और उन्हें अगले वक़्तों के लिए सुरक्षित रखने का काम उनके पट्ट शिष्य 'आज़ाद' ने किया।

उन्हीं के तज़किरे की कुछ झलकियाँ यहाँ पेश की जा रही हैं:

'ज़ौक़' हृदय के बड़े दयालु थे। उम्र भर कभी इन्होंने अपने हाथ से किसी पशु का वध नहीं किया। नौजवानी में एक दिन साथियों ने कहीं से ताक़त का एक नुस्ख़ा प्राप्त किया। उसकी प्रत्येक चीज़ का एकत्र करना एक-एक व्यक्ति के ज़िम्मे कर दिया गया। चालीस चिड़ियों का मग्ज़ जमा

करने का काम इन्हें मिला। ये घर आये। जाल फैला दिया। तीन चिड़े फंसे। वे पिंजरे में बन्द किये गये। 'ज़ौक़' ने जब उनका कूदना और फुदकना देखा, तब यकायक इनके मन में यह विचार उठा कि ये भी तो प्राण रखते हैं। हमारी ही तरह इनको भी सुख-दुःख का अनुभव होता होगा। ज़रा-सी देर के सुख के लिए इनका प्राण लेना बड़ी बेइंसाफ़ी होगी। यह विचार मन में आते ही इन्होंने पिंजरे को खोल दिया। जाल को तोड़-फोड़ डाला। तीनों पक्षी उड़ गये। इन्होंने मित्रों से जाकर कह दिया कि हम तुम्हारे नुस्खे में शामिल नहीं।

ये प्रायः टहला करते थे। मकान के सामने एक लम्बी-सी गली थी। उसी में फिरा करते थे। एक बार रात के वक्त टहलते-टहलते आये और कहने लगे—अभी एक साँप गली में चला जाता था। एक शागिर्द ने पूछा—तो हज़रत, आपने उसे मारा नहीं? किसी को पुकारा होता। 'ज़ौक़' ने कहा—भाई, आखिर वह भी तो जान रखता है।

एक बार का ज़िक्र है कि ये कविता लिखने में तन्मय हो रहे थे। चिड़ियाँ बरामदे में घोंसला बना रही थीं। उनके तिनके जो गिरते थे, उन्हें लेने को वे बार-बार ज़मीन पर आतीं और इधर-उधर बैठा करती थीं। एक बार एक चिड़िया इनके सिर पर आ बैठी। इन्होंने उड़ा दी। वह फिर आ बैठी। इन्होंने फिर उसे उड़ा दिया। इसी तरह वह बार-बार आकर बैठने लगी और ये उड़ाते रहे। अन्त में हँसकर इन्होंने कहा—मालूम होता है, चिड़ियों ने मेरे सिर को कबूतर का अड्डा समझ लिया है। उस समय इनके सुप्रसिद्ध शिष्य प्रो. 'आज़ाद' और चक्षुहीन कवि वीरान भी वहाँ बैठे थे। वीरान ने 'ज़ौक़' की बात का अभिप्राय नहीं समझा। उन्होंने 'आज़ाद' से पूछा। जब उन्हें सब बातें मालूम हुईं तो वे बोले—हमारे सिर पर तो नहीं बैठती। 'ज़ौक़' ने मुस्कुराते हुए कहा—बैठे क्योंकर? जानती है कि यह मुल्ला है, आलिम है, हाफ़िज़ है, अभी कल्मा पढ़कर 'बिस्मिल्लाह अल्लाहो अकबर' कर देगा। दीवानी है जो तुम्हारे सिर पर आये?

'ज़ौक़' साहित्य के विद्वान और बड़े अध्ययन-शील थे। 'आज़ाद' लिखते हैं—

'फ़र्माते थे कि मैंने साढ़े सात सौ दीवान पुराने शायरों के देखे और उनका खुलासा किया। ख़ान आरजू की तसनीफ़ात, टेकचन्द बहार की तहक़ीक़ात और इस किस्म की और किताबें गोया उनकी ज़बान पर थीं; मगर मुझे इस बात का ताज्जुब नहीं। अगर पुराने शायरों के हज़ारों शे'र उन्हें याद थे तो मुझे हैरत नहीं, गुफ्तगू के वक्त जिस तड़ाके से वे शे'र सनद में देते थे, मुझे इसका भी ख़याल नहीं। हाँ, ताज्जुब यह है कि तारीख का ज़िक्र आये तो वह एक साहबे नज़र मुवर्रिख़ थे; तफ़सीर का ज़िक्र आये तो ऐसा मालूम होता था कि गोया तफ़सीरे कबीर देख कर उठे हैं। जब तक़रीर करते थे, यह मालूम होता था कि शेख़ शिबली हैं या बायज़ीद बुस्तामी बोल रहे हैं। रमल और ज्योतिष का ज़िक्र आये तो वह ज्योतिषी थे। मुझे ताज्जुब यह है कि उनके दिमाग़ में इस क़दर मज़ामीन महफ़ूज़ क्योंकर रहे। इल्मेतिब ख़ूब हासिल किया। मगर काम न किया। ख़ौफ आता कि ऐसा न हो, बेपर्वाई से किसी का खून हो जाये।'

इनको आडम्बर बिलकुल पसन्द न था। 'आज़ाद' लिखते हैं—

'एक तंग व तारीक मकान था, जिसकी अँगनाई इस क़दर छोटी थी कि एक छोटी-सी चारपाई एक तरफ़ बिछती थी; दो तरफ़ इतना रास्ता रहता था कि एक आदमी चल सके। हुक़्क़ा मुँह में लगा रहता था। खुर्री चारपाई पर बैठे रहते थे। लिखे जाते थे या किताब देखे जाते थे। गर्मी, जाड़ा, बरसात तीनों मौसमों की बहारें वहीं बैठे ग़ुज़र जाती थीं। उन्हें कुछ ख़बर न होती थी। कोई मेला, कोई ईद और कोई मौसम बल्कि दुनिया के शादी व ग़म से उन्हें सरोकार न था। जहाँ अव्वल रोज़ बैठे, वहीं बैठे, और जभी उठे कि दुनिया से उठे।'

'उनको मामूल था कि रात को खाने से फ़ारिग़ होकर बादशाह की ग़ज़ल कहते थे। फिर वज़ू करते और एक लोटा पानी से कुल्लियाँ करके नमाज़ पढ़ते, फिर वज़ीफा शुरू होता। ज़ेरे आसमान कभी टहलने जाते, कभी क़िब्लारू ठहर जाते। अगर्चे आहिस्ता-आहिस्ता पढ़ते थे, मगर अक्सर अवक़ात इस जोशे दिल से पढ़ते कि मालूम होता गोया सीना फट जायेगा।'

'ज़ौक़' का बहुत समय बादशाह की ग़ज़लें बनाने में जाता था। जितनी अच्छी ग़ज़लें होती थीं, प्राय: सब में बादशाह अपना नाम डलवा लेते थे। इससे ये अपनी ग़ज़लें बादशाह को सुनाते ही नहीं थे। यदि किसी तरह वे बादशाह के कानों तक पहुँच जाती थीं, तो बादशाह उसी से मिलती-जुलती नयी ग्ज़ल बनाकर इस्लाह के लिये इन्हें दे देते थे। ये यदि अपनी ग़ज़ल से उसे बढ़िया बनाते तो अपनी ग़ज़ल का मान मारा जाता। घटिया बनाते तो बादशाह के कान खड़े होते; इससे ये अपनी ग़ज़लें अपने ख़ास-ख़ास मित्रों तक ही रखते थे।

जो ग़ज़लें इन्होंने अपने उपनाम से कही थीं, यदि वे जमा की जातीं तो ज़फ़र के चारों दीवानों के बराबर होतीं। बादशाह की फ़रमाइशें दम लेने की फ़ुर्सत न देती थीं, फिर भी ये कुछ अपना कह ही लेते। पर कितने दु:ख की बात है कि सन् 1857 के ग़दर में इनका वह काव्य भी नष्ट हो गया। प्रोफेसर 'आज़ाद' ने अपने गुरु की साहित्यिक हानि का जो करुण वर्णन किया है, वह बड़ा मार्मिक है :

'फ़साहत का दिल कुमला जाता होगा जब उनके दीवान मुख़्तसर पर निगाह पड़ती है। उनका बयान एक मुसीबत का फ़िसाना है और मरसिया-ख़ानी उसकी मेरा फ़र्ज़ है। फ़र्माते थे कि बचपन में जब कि 15-16 बरस की उम्र थी, हमने अपना दीवान मुरत्तिब किया था और उसे बड़े शौक से लिखा था। फिर ज़माने ने फ़ुर्सत न दी। जो ग़ज़ल होती, जुदा काग़ज़ पर लिखी जाती, इसी तरह ताक़ में रख देते कि फ़ुर्सत में नज़रसानी करेंगे। जब ताक़ भर गया, तकिये के गिलाफ़ में भर दिये, घर में भेज दिये कि एहतियात से रखना।'

'उस्ताद की वफ़ात से चन्द रोज़ बाद मैं (प्रो. आज़ाद) ने और खलीफ़ा इस्माईल ने चाहा कि कलाम को तर्तीब दें। सब ज़खीरा निकाला। मेहनत ने उसके इन्तख़ाब में पसीने की जगह लहू बहाया; क्योंकि बचपन से लेकर दमे वापसी तक का कलाम उन्हीं में था और बहुत-सी ग़ज़लें बादशाहों की, बहुतेरी ग़ज़लें शागिर्दों की भी मिली हुई थीं।'

'चुनांचे अव्वल उनकी अपनी ग़ज़लें और क़सीदे इन्तख़ाब कर लिये।

यह काम कई महीनों में खत्म हुआ। पहले ग़ज़लें साफ़ करनी शुरू कीं। इस खता का मुझे इक़रार है कि काम को मैंने जारी किया, मगर बाइत्मीनान किया। मुझे क्या मालूम था कि इस तरह यकायक ज़माने का वर्क़ उलट जायेगा। आलम तहो-बाला हो जायेगा, हसरतों के खून बह जायेंगे, दिल के अरमान दिल में रह जायेंगे। एक साथ सन् 1857 ई. का ग़दर हो गया। किसी का किसी को होश न रहा। चुनांचे अफ़सोस है कि खलीफ़ा मुहम्मद इस्माईल उनके फ़र्ज़न्द जिस्मानी के साथ ही उनके फ़र्ज़न्द रूहानी (काव्य) भी दुनिया से रहलत कर गये। मेरा यह हाल हुआ कि फ़तहयाब लश्कर के बहादुर दफैतन घर में घुस आये, बन्दूकें दिखाईं कि जल्द निकलो। दुनिया आँखों में अन्धेर थी, भरा हुआ घर सामने था और मैं हैरान खड़ा था कि क्या-क्या कुछ उठाकर ले चलूँ। इनकी ग़ज़लों पर नज़र पड़ी। यही ख़याल आया कि मुहम्मद हुसैन, ज़िन्दगी बाक़ी है तो सब कुछ हो जायेगा, मगर उस्ताद कहाँ से पैदा होंगे जो ग़ज़लें फिर आके कहेंगे। अब उनके नाम की ज़िन्दगी है तो इन पर मुनहसिर है। ये हैं तो वे मरकर भी ज़िन्दा हैं, ये गये तो नाम भी न रहेगा। वही संग्रह उठाकर बग़ल में मारा। सजे-सजाये घर को छोड़, 22 नीम जानों के साथ घर से बल्कि शहर से निकला। ग़रज़ मैं तो आवारा होकर खुदा जाने कहाँ का कहाँ निकल आया। हाफ़िज़ गुलाम रसूल 'वीरान' ने शेख मरहूम (उस्ताद ज़ौक़) के बाज़ दर्दख्वाह दोस्तों से ज़िक्र किया कि मसौदा का सरमाया तो सब दिल्ली के साथ बर्बाद हुआ। इस वक़्त यह ज़ख्म ताज़ा है, अगर अब दीवान मुरत्तिब न हुआ तो कभी न होगा। हाफ़िज मौसूफ़ को खुद भी हज़रत मरहूम उस्ताद का कलाम बहुत कुछ याद था और खुदा ने उनकी बसीरत की आँखें (ज्ञान-चक्षु) ऐसी रोशन की थीं कि बेसारत के मोहताज नहीं थे। बावजूद इसके लिखने की सख़्त मुश्किल हुई। ग़रज़ कि एक मुश्किल में कई-कई मुश्किलें थीं। उन्होंने इस मुहिम का सरअंज़ाम किया और सन् 1279 हिजरी में एक मजमुआ, जिसमें अक्सर ग़ज़लें तमाम, अक्सर नातमाम, बहुत से मुतफ़र्रिक अशआर और चन्द कसीदे हैं, छापकर निकाला, मगर इबरत की आँखों से लहू टपका; क्योंकि जिस शख्स ने दुनिया की लज्ज़तें, उम्र के मुख्तलिफ़ मौसम

और मौसमों की बहारें, दिन की ईदें, शब की शबबरातें, बदन के आराम, दिल की खुशियाँ, तबियत की उमंगें सब छोड़ीं और एक शे'र (काव्य) को लिया, जिसकी इन्तहा तमन्ना यही होगी कि इसकी बदौलत नाम नेक बाक़ी रहेगा, तबाहकार ज़माने के हाथों आज उसकी उम्र भर की मेहनत ने यह सरमाया दिया और जिसने अदना-अदना शागिर्दों को साहबे दीवान कर दिया, उसको यह दीवान नसीब हुआ! ख़ैर; यों ही ख़ुदा चाहे तो बन्दे का क्या चले। मेरे पास बाज़ क़सीदे हैं, अक्सर ग़ज़लें हैं, ये दाख़िल हो जायेंगी या नातमाम ग़ज़लें पूरी हो जायेंगी, मगर तस्नीफ़ के दरिया में से प्यास भर पानी भी नहीं।'

'ज़ौक़' की कविता उच्च भावों से पूर्ण है। ये मुहावरों के उस्ताद थे। भाषा पर इनका पूरा अधिकार था। प्रेम का रहस्य-वर्णन इनकी कविता में ख़ूब है। जहाँ जवानी की उमंगें हैं, वहाँ वेदान्त और ईश्वर-परायणता की तरंगें भी हैं।

ये बड़े प्रत्युत्पन्नमति थे। एक बार दरबार में बैठे थे। एक साहब किसी बेगम की कोई बात लेकर आये और बादशाह के कान में कहकर चलने लगे। हकीम अहसानुल्ला साहब ने पूछा-इतनी जल्दी?

यह सुनकर उन्होंने कहा—

अपनी ख़ुशी न आये न अपनी ख़ुशी चले।

बादशाह ने 'ज़ौक़' की ओर देखकर कहा—उस्ताद, देखना क्या साफ़ मिसरा है। ज़ौक़ ने तत्काल निवेदन किया—

लाई हयात आये क़ज़ा ले चली चले
अपनी ख़ुशी न आये न अपनी ख़ुशी चले

दीवान चन्दूलाल ने हैदराबाद से इनके पास एक समस्या, 500 रुपये और ख़िलवत भेजकर बुलाया। इन्होंने ग़ज़ल तो भेज दीं, पर स्वयं न गये। ग़ज़ल का अन्तिम शे'र यह था-

आजकल गर्चे दकन में है बड़ी क़द्रे सुख़न
कौन जाये 'ज़ौक़' पर दिल्ली की गलियाँ छोड़कर

प्रोफ़ेसर 'आज़ाद' ने एक दिन वहाँ न जाने का सबब पूछा तो इन्होंने यह लतीफ़ा सुनाया—

''कोई मुसाफ़िर दिल्ली में महीना-बीस दिन रहकर चला। यहाँ एक कुत्ता हिल गया था। वह वफ़ा का मारा साथ हो लिया। शाहदरे पहुँचकर दिल्ली याद आयी, और रह गया। वहाँ के कुत्ते को देखा, गर्दनें फ़बाँ, बदन तैयार, चिकने-चिकने बाल। एक कुत्ता इन्हें देखकर ख़ुश हुआ और दिल्ली का समझ बहुत ख़ातिर की। मिठाई के बाज़ार में ले गया। हलवाई की दुकान से एक बालूशाही उड़ाकर सामने रखी। भटियारे की दुकान से एक रोटी झपटी। ये ज़ियाफ़तें खाते और दिल्ली की बातें सुनाते रहे। तीसरे दिन रुख़सत माँगी। उसने रोका। इन्होंने दिल्ली के सैर-तमाशे और खूबियों के ज़िक्र किये। आख़िर चले और दोस्त को भी दिल्ली आने की ताकीद कर आये। उसे भी ख़याल रहा और एक दिन दिल्ली का रुख़ किया। पहले ही मरघट के कुत्ते मुर्दार खाने वाले, खूनी आँखें, काले-काले मुँह नज़र आये। ये लड़ते-भिड़ते निकले। दरिया मिला। देर तक किनारे पर फिरे। आख़िर कूद पड़े। मरघट पार करके पहुँचे। शाम हो गयी थी। शहर में गली-कूचों के कुत्तों से बच-बचाकर डेढ़ पहर रात हो गयी तो दोस्त से मुलाकात हुई। ये बेचारे अपनी हालत पर शरमाये। बज़ाहिर ख़ुश हुए और कहा—ओहो! इस वक़्त तुम कहाँ? दिल में कहते थे कि रात ने पर्दा रखा, वर्ना दिन में यहाँ क्या रखा था। उसे लेकर इधर-उधर फिरने लगे। यह चाँदनी चौक है, यह दरीबा है, यह जामा मस्ज़िद है। मेहमान ने कहा-यार, भूख के मारे जान निकली जाती है, सैर हो जायेगी, कुछ खिलवाओ तो सही। इन्होंने कहा, तुम अजब वक़्त आये हो, अब क्या करूँ। सौभाग्य की बात है कि जामा मस्ज़िद की सीढ़ियों पर जानी कबाबी मिरचों की हाँडी भूल गये थे। इन्होंने कहा—लो यार, बड़ी किस्मत वाले हो। वह दिनभर का भूखा था। मुँह फाड़कर गिरा और साथ ही मुँह से मग़ज़ तक गोया बारूद उड़ गयी। छींककर पीछे हटा और जलकर कहा—वाह, यही दिल्ली है। इन्होंने कहा—इस चटखारे के मारे ही तो यहाँ पड़े हैं।''

एक दिन एक बुड्ढा चूरन की पुड़ियाँ बेचता फिरता था और आवाज़ देता था–

तेरे मन–चले का सौदा है खट्टा और मीठा

बादशाह के कान में उसकी बात पड़ गयी। उन्होंने कुछ पद्य लिख कर 'ज़ौक़' के पास भेज दिये। 'ज़ौक़' ने दस दोहे लगा दिये। सरकारी कंचनियों ने उसे लै से गाया। दूसरे दिन सारे शहर में वह बच्चे–बच्चे की ज़बान पर हो गया। उनमें से दो बन्द, जो प्रोफ़ेसर 'आज़ाद' को याद थे, ये हैं—

ले तेरे मन–चले का सौदा है खट्टा और मीठा
कुँजड़ की सी हाट है दुनिया जिन्स है सारी इकट्ठी
मीठा चाहे मीठा ले ले खट्टी चाहे खट्टी
ले तेरे मन–चले का सौदा है खट्टा और मीठा
रूप रंग पर भूल न दिल में देख अक़ल के बैरी
ऊपर मीठी नीचे खट्टी अम्बुआ की सी कैरी
ले तेरे मन–चले का सौदा है खट्टा और मीठा

एक फ़क़ीर यह सदा लगाता था—

कुछ राहे ख़ुदा दे जा जा तेरा भला होगा

बादशाह को पसन्द आयी। 'ज़ौक़' ने उस पर बारह दोहे लगा दिये। बहुत दिनों तक गली–कूचों में वह गाया जाता रहा–

मुहताज ख़राबाती या पाक नमाज़ी है
कुछ कर न नज़र उस पर वाँ नुक्ता नवाज़ी है
कुछ राहे ख़ुदा दे जा जा तेरा भला होगा
दुनिया के किया करता है सैकड़ों तू धन्दे
पर काम ख़ुदारा भी कर ले कोई ह्याँ बन्दे
कुछ राहे ख़ुदा दे जा जा तेरा भला होगा
दुनिया है सरा इसमें तू बैठा मुसाफ़िर है
औ जानता है याँ से जाना तुझे आख़िर है

कुछ राहे ख़ुदा दे जा जा तेरा भला होगा
जो रब ने दिया तुझको तो नाम पै रब के दे
गर याँ न दिया तू ने वाँ देवेगा क्या बन्दे
कुछ राहे ख़ुदा दे जा जा तेरा भला होगा
देवेगा उसी को तू वह जिसको है दिलवाता
पर है यह 'ज़फ़र' तुझको आवाज़ सुना जाता
कुछ राहे ख़ुदा दे जा जा तेरा भला होगा

शारीरिक निर्बलता के कारण रमज़ान के दिनों में रोज़े नहीं रखते थे। पर किसी के सामने पानी तक न पीते थे। नौकर को इशारे मालूम थे। वह आवश्यकता होने पर ऊपर बुला ले जाता, जहाँ ये आवश्यकतानुसार खान-पान कर लेते थे।

ये स्वभाव के बहुत सरल, सच्चरित्र और दयालु पुरुष थे। कभी किसी का बुरा न चाहते थे, न किया। इनके दिल में भगवान् का डर सदा बना रहता था। इन्होंने किसी की निन्दा में एक भी शब्द नहीं लिखा। किसी अन्य कवि ने भी इनकी निन्दा में कुछ नहीं लिखा।

फ़िराक की नज़र में 'ज़ौक़'

'ज़ौक़' की संवेदना का आधार परम्परागत था। उन्होंने शायद अनजाने ही कविता को शिल्प (craft) के रूप में ग्रहण किया, कला (art) के रूप में नहीं। इसीलिए उनके यहाँ पर परम्परा के ग्रहण और उसके विकास के तत्त्व अन्य समकालीनों से अधिक मिलते हैं। शायद इसीलिए उन्हें उन्नीसवीं शताब्दी, बल्कि बीसवीं शताब्दी के प्रथम दशकों में भी जो सम्मान प्राप्त था, वह अब कुछ कम हो गया है क्योंकि साहित्यिक मूल्य पहले से बदल गये हैं।

'ज़ौक़' मुख्यत: आकारवादी कवि हैं। उनके यहाँ इसका महत्त्व कम है कि क्या कहा जाता है और वह संवेदना को किस प्रकार आलोड़ित करता है, इसका महत्त्व अधिक है कि वर्णन-सौन्दर्य कितना है और सौन्दर्यबोध

की तुष्टि किस सीमा तक होती है। इसीलिए 'ज़ौक़' के काव्य में शब्दों के चयन, मुहावरों के प्रयोग और मुश्किल रदीफ़ क़ाफ़ियों में प्रवाहमान कविता करने की कला पूरी तरह उभर कर आयी है और इसी क्षेत्र में नूतनता और मौलिकता के प्रदर्शन का आग्रह मिलता है। 'ज़ौक़' ने अपने पूर्ववर्ती सभी उस्तादों- 'मीर', 'सौदा', 'जुरअत' आदि-के रंग में शे'र कहे और बड़ी सफलता के साथ कहे। फिर भी नयी-नयी तराश-ख़राश के शब्दों और वाक्य-विन्यासों के आधार पर वर्णन-सौन्दर्य पैदा करने की स्वाभाविक प्रवृत्ति के आधार पर उन्हें 'सौदा' का अनुयायी कहना अधिक उचित है। क़सीदों में भी वे 'सौदा' का अनुसरण करते हैं और निस्सन्देह 'सौदा' के बाद क़सीदे के क्षेत्र में 'ज़ौक़' से बड़ा कोई कवि नहीं हुआ।

फिर भी यह ग़लतफ़हमी न होनी चाहिए कि वे शाब्दिक खिलवाड़ में विश्वास करते थे। बात में बात पैदा करने और बाल की खाल निकालने की 'नासिख़' जैसी प्रवृत्ति 'ज़ौक़' के यहाँ कहीं नहीं दिखाई देती। कुछ पत्थर तोड़ रदीफ़ क़ाफ़ियों की ग़ज़लों को छोड़कर 'ज़ौक़' के सारे काव्य में उनकी आकारवादी प्रवृति के बावजूद एक तरह की सादगी है। वे मामूली बातें कहते हैं लेकिन अक्सर कुछ ऐसी सादगी के साथ कहते हैं कि हृदय पर उनका प्रभाव पड़ता ही है। भाषा में उनके यहाँ फ़ारसीपन आज की दृष्टि से भी अधिक नहीं है। उन्नीसवीं शताब्दी के मध्यकाल में तो ऐसी सुगम और सुबोध भाषा का प्रयोग निस्सन्देह कला का चमत्कार कहा जाना चाहिए। इसका बहुत कुछ श्रेय 'ज़फ़र' को मिलना चाहिए जो सरल और प्रभावशाली शब्दावली और वाक्यावली में विश्वास करते थे और स्वयं भी इन्हीं का प्रयोग करते थे।

'ज़ौक़' आर्थिक रूप से चाहे कष्ट में रहे हों लेकिन अन्य दृष्टियों से भाग्यशाली थे। निर्धन कुल में जन्म लेकर उन्होंने उच्चतम समाज में भी अपने लिए सम्मान ही प्राप्त किया। नौजवानी से ही ख्याति उनके पाँव चूमने लगी थी और मृत्यु ने भी उनके साथ एहसान किया कि उनके आश्रयदाता 'ज़फ़र' के, जिनसे उन्हें दिली लगाव था, दुर्दिन आने के पूर्व ही उनकी आँखें बन्द हो गयीं। उनका नाम अमर करने के लिए उनके शागिर्द भी ऐसे

हुए जो काव्य-गगन के तारे बनकर चमके। इनमें सबसे पहले स्वयं 'ज़फ़र' का नाम आता है। नवाब मिर्ज़ा खाँ 'दाग़' महाकवि के रूप में और मौलाना मुहम्मद हुसैन 'आज़ाद' कवि, आलोचक और साहित्य में नवीन-युग के प्रवर्तक के रूप में ख्याति पा चुके हैं। अन्य शागिर्दों में सैयद ज़हीरुद्दीन 'ज़हीर' (जिनके चार दीवान हैं, तीन प्रकाशित और एक अप्रकाशित) और उनके छोटे भाई सैयद शुजाउद्दीन 'अनवर' भी काफ़ी प्रसिद्ध हो गये हैं।

दुर्भाग्यवश 'ज़ौक़' की लगभग सभी रचनाएँ ग़दर में नष्ट हो गयीं। कुछ ग़ज़लें और क़सीदे मौलाना मुहम्मद हुसैन 'आज़ाद' ने बचा लिये, कुछ ग़ज़लें 'ज़ौक़' के अन्धे शिष्य हाफ़िज़ वीरान को याद थीं। उन्हीं को जमा करके अब कुल एक दीवान मिलता है, जिसमें 167 ग़ज़लें, 24 क़सीदे और फुटकर कविताएँ हैं। 'आज़ाद' के कथनानुसार 'ज़ौक़' की एक अपूर्ण मसनवी भी थी, जिसमें 500 शे'र हो चुके थे। ग़दर में अन्य काव्य के साथ यह मसनवी भी लुट-पुट गयी।

ग़ज़लें

शौक़े–नज़्ज़ारा है जब से उस रुख़े–पुरनूर का[1]
है मेरा मुर्ग़े–नज़र[2] परवाना शमए–तूर का
ऐ सनम! क्या पूछता है, हाल उस रंजूर का
दिल न अटकाये कहीं अल्लाह बे–मक़दूर का
दिल का यह अहवाल है ग़म से तेरे ऐ मस्ते–नाज़
जैसे मुरझाया हुआ दाना कोई अंगूर का
इश्क़ ने डाली थी जब क़स्रे–मुहब्बत[3] की बिना[4]
लिख दिया था कोहकन[5] भी नाम इक मज़दूर का
'ज़ौक़' राहे–इश्क़ वह कूचा है जिसकी ख़ाक में
है दुरे - ताजे - सुलेमां[6] बैज़ा - बैज़ा[7] मूर[8] का

लिखिए उसे ख़त में कि सितम उठ नहीं सकता
पर ज़ोफ़[9] से हाथों में क़लम उठ नहीं सकता
आती है सदाए - जरसे - नाक़ाए - लैला[10]
पर हैफ़[11] कि मजनूं का क़दम उठ नहीं सकता
इतना हूँ तेरी देग़ का शरमिन्दाए–अहसां
सर मेरा तेरे सर की क़सम उठ नहीं सकता
दुनिया का ज़रो–माल किया जमअ् तो क्या 'ज़ौक़'
कुछ फ़ायदा बे–दस्ते–करम उठ नहीं सकता
परदा दरे–काबा से उठाना तो है आसां
पर परदाए–रुख़सारे–सनम[12] उठ नहीं सकता

---

1. ज्योतिवान मुखमंडल 2. दृष्टि–रूपी पक्षी 3. प्रेम का महल 4. नींव 5. पत्थर काटने वाला (फ़रहाद) 6. सुलेमान के ताज का मोती 7. अंडा 8. चींटी 9. कमज़ोरी 10. लैला के ऊँट की घंटी की आवाज़ 11. अफ़सोस 12. प्रियतम (या मूर्ति) के मुँह पर पड़ा हुआ पर्दा

उसे हमने बहुत ढूंढा, न पाया
अगर पाया, तो खोज अपना न पाया
जिस इन्सां को सगे-दुनिया[1] न पाया
फ़रिश्ता उसका हम-पाया न पाया
मुक़द्दर ही पे ग़र सूदो-ज़ियां[2] है
तो हमने यां न कुछ खोया न पाया
लहद[3] में भी तेरे मुज़्तर[4] ने आराम
खुदा जाने कि पाया या न पाया
करे क्या सैर दिल मुल्के-फ़ना[5] की
कि इस बाज़ार में सौदा न पाया
रहा टेढ़ा मिसाले-नेशे-कज़दुम[6]
कभी कज-फ़हम[7] को सीधा न पाया
अहाते से फ़लक[8] के हम तो कब के
निकल जाते मगर रस्ता न पाया
चिराग़े-दाग़ लेकर दिल में ढूंढा
निशां पर सब्रो-ताक़त का न पाया
कभी तू और कभी तेरा न पाया
ग़रज़ ख़ाली दिले-शैदा रहा ग़म
न मारा तूने पूरा हाथ क़ातिल
सितम में भी तुझे पूरा न पाया
नज़ीर[9] उसका कहां आलम[10] में ऐ 'ज़ौक़'
कहीं ऐसा न पायेगा न पाया

---

1. दुनिया का कुत्ता (लोभी) 2. हानि-लाभ 3. कब्र 4. बेचैन (प्रेमी) 5. नश्वर संसार 6. बिच्छू के डंक की तरह 7. मूर्ख 8. आकाश 9. सदृश 10. संसार

नाम यूं पस्ती[1] में बालातर[2] हमारा हो गया
जिस तरह पानी कुएं की तह में तारा हो गया
दांत यूं चमके हंसी में रात उस महपारा[3] के
मैंने समझा माहे-ताबां[4] पारा-पारा[5] हो गया
एक दिन भी हमको जीना हिज्र में था नागवार
पर उमीदे-वस्ल में बरसों गुज़ारा हो गया
दिल पे जख़्मों की तरक़्क़ी से हुई और इक बहार
आगे था सद-बर्ग[6] यह गुल अब हज़ारा हो गया
'ज़ौक़' इस बहरे-जहां[7] में कश्तिए-उम्रे-रवां[8]
जिस जगह पर ला लगी वो ही किनारा हो गया

हम हैं और साया तेरे कूचे की दीवारों का
काम जन्नत में है क्या हमसे गुनहगारों का
चर्ख़[9] पर बैठ रहा जान बचाकर ईसा
हो सका जब न मुदावा[10] तेरे बीमारों का
बे सियाही न चला काम क़लम का ऐ 'ज़ौक़'
रू - सियाही[11] सरो - सामां है सियहकारों[12] का

1. नीचाई 2. और ऊँचा 3. चाँद का टुकड़ा (प्रियतम) 4. चमकता चाँद 5. टुकड़े-टुकड़े 6. सौ पंखुड़ियों वाला 7. संसार-सागर 8. जीवन-नौका 9. आसमान 10. इलाज 11. बदनामी 12. पापियों

नाला इस ज़ोर से क्यों मेरा दुहाई देता
ऐ फ़लक[1] गर मुझे ऊंचा न सुनाई देता
लाख देता फ़लक आज़ार, गवारा थे, मगर,
एक तेरा न मुझे दर्दे - जुदाई देता
मैं हूं वो सैद[2] कि फिर दाम[3] में फंसता जाकर
गर क़फ़स[4] से मुझे सय्याद[5] रिहाई देता
मुंह से बस करते न हरगिज़ ये खुदा के बंदे
गर हरीसों[6] को खुदा सारी खुदाई देता
देख गर देखना है 'ज़ौक़' कि वह पर्दा-नशीं
दीदाए - रौज़ने - दिल[7] से है दिखाई देता

किसी बेकस को ऐ बेदादगर[8], मारा तो क्या मारा
जो खुद ही मर रहा हो उसको गर मारा तो क्या मारा
बड़े मूज़ी को मारा नफ़्से-अम्मारा[9] को गर मारा
नहंगो-अज़्हदा-ओ-शेरे-नर[10] मारा तो क्या मारा
हंसी के साथ यां रोना है मिस्ले-कुलकुले-मीना[11]
किसी ने क़हक़हा, ऐ बेख़बर, मारा तो क्या मारा
दिल-संगीने-खुसरो[12] पर भी ज़र्बे-कोहकन[13] पहुंची
अगर तेशा[14] सरे-कुहसार[15] पर मारा तो क्या मारा

---

1. आकाश 2. शिकार 3. जाल 4. पिंजरा 5. शिकारी 6. लोभियों 7. दिल के छेद की आँख 8. अत्याचारी 9. पापोन्मुख मन 10. घड़ियाल, अजगर और सिंह 11. बोतल में से निकलते वक़्त शराब की आवाज़ 12. खुसरो के कड़े दिल 13. फ़रहाद की (पहाड़ काटने वाले की) चोट 14. पत्थर काटने का औज़ार 15. पहाड़ के सर

गया शैतान मारा एक सिजदे के न करने में
अगर लाखों बरस सिजदे में सर मारा तो क्या मारा
दिले-बदख़्वाह[1] में था मारना या चश्मे-बदबी[2] में
फ़लक पर 'ज़ौक़' तीरे-आह गर मारा तो क्या मारा

मैं कहां संगे-दरे-यार[3] से टल जाऊंगा
न वो पत्थर है फिसलना कि फिसल जाऊंगा
आज अगर राह न पाऊंगा तो कल जाऊंगा
कूचाए-यार में मैं सर ही के बल जाऊंगा
अक़्ल से कह दो कि लाये न यहां अपनी किताब
मैं हूं दीवाना अभी घर से निकल जाऊंगा
दिल ये कहता है कि तू साथ न ले चल मुझको
जाके मैं वां तेरे क़ाबू से निकल जाऊंगा
जा पड़ा आग में परवाना दमे-गर्मिए-शौक़[4]
समझा इतना भी न कमबख़्त कि जल जाऊंगा
जुम्बिशे-बर्ग-सिफ़त[5] बाग़े-जहां में ऐ 'ज़ौक़'
कुछ न हाथ आये तो मैं हाथ तो मल जाऊंगा

---

1. बुरा चाहने वाला दिल 2. बुरा देखने वाली आँख 3. प्रियतम के दरवाज़े का पत्थर 4. प्रेम-ताप के क्षण में 5. पत्ते के हिलने की तरह से

नशा दौलत का बद-अतवार[1] को जिस आन चढ़ा
सर पे शैतान के इक और भी शैतान चढ़ा
इश्क़ के ढब पे न कोई बजुज़[2] इन्सान चढ़ा
इसके काबू पे चढ़ा तो यही नादान चढ़ा
देखिए मिल्लतो-दी[3] कितने करेगा बरबाद
बाउ के घोड़े पे वह दुश्मने-ईमान चढ़ा
देखो क़िस्मत का लिखा, उसने पढ़ा ख़त सौ बार
ध्यान पर मेरा न मज़मूं किसी उनवान[4] चढ़ा
हज़रते-इश्क़ की दरगाह में आकर ऐ 'ज़ौक़'
दीनो-दिल देते हैं सब गब्रो-मुसलमान[5] चढ़ा

चमन में कहते हैं फिर मौसमे-ऐशो-तरब[6] आया
बहारें खूब लूटेंगे अगर वह गुंचा-लब[7] आया
वो मस्ते-नाज़ लेकर मुझसे मेरे शीशाए-दिल को
हुआ खुश इस क़दर गोया कि उसके घर हलब[8] आया
ताम्मुल[9] कीजियो 'ज़ौक़े'-तपीदन[10] देखिए क्या हो
कि अब तक ज़िबह करने का नहीं क़ातिल को ढब आया

---

1. दुष्ट मनुष्य 2. सिवाय 3. धर्म और सम्प्रदाय 4. प्रकार 5. हिन्दू-मुसलमान 6. विलास का मौसम 7. कली से होंठ वाला (प्रियतम) 8. एक शहर जिसके शीशे मशहूर थे 9. ठहरना 10. तड़पने का शौक़

नविश्ते[1] से हुआ इक हर्फ़ भी हरगिज़ न बेशो-कम
जो पेशानी[2] पे था लिक्खा हुआ वह पेश सब आया
वो आयें या न आयें हम नहीं रंजीदा-दिल उनसे
मगर यह रंज है क्यों रंज हम से बेसबब आया
तेरे डर से न आया पास कोई नीमजानों[3] के
मगर रोना कभी चोरी से बाद-अज़-नीमशब[4] आया
मैं अपने 'ज़ौक़'[5] के कुरबां कि मस्ती में मुहब्बत की
बुलाया किसने इसको? जब ये आला बेतलब आया

मेरे तालेअ़[6] में है क्या काम ऐ गर्दू[7] सितारे का
चमक जाना है काफ़ी आतिशे-ग़म[8] के शरारे[9] का
न पकड़ें दामने-इलियास[10] गर्दाबे-बला[11] में हम
कि बदतर डूबकर मरने से है जीना सहारे का
नफ़स[12] है ज़ादाए-उम्रे-रवां[13], जिस तरह से गुज़रे
यहां पूछे है ऐ गुमराह क्या रास्ता गुज़ारे का
तेरा हर मूए-मिज़गां[14] दिल को अंगुश्ते-इशारत[15] है
समझने वाला मुझ सा चाहिए पर इस इशारे का
फ़क़त-तारे-नफ़स[16] का 'ज़ौक़' ख़त्ते-जादा[17] काफ़ी है
पए - उम्रे - रवां[18] क्या चाहिए रस्ता गुज़ारे का

---

1. भाग्य का लिखा 2. माथे 3. अधमरे (प्रेमीजन) 4. आधी रात के बाद 5. प्रेम 6. भाग्य 7. आस-पास 8. प्रेमाग्नि 9. चिंगारी 10. इलियास (नदी में भटकने वालों को रास्ता बताने वाले बुज़ुर्ग) 11. डुबोने वाले भंवर 12. साँस 13. ज़िन्दगी की राह 14. पलकों का बाल 15. रास्ता दिखाने वाली उँगली 16. साँस का तार 17. रास्ते की लीक 18. गुज़रने वाली उम्र के लिए

न करता ज़ब्त मैं नाला तो फिर ऐसा धुआं होता
कि नीचे आसमां के और नया इक आसमां होता
जो रोता खोलकर जी तंगनाए-दहर[1] में आशिक़
तो जूए-कहकशां[2] में भी फ़लक[3] पर खूं रवां होता
बगूला गर न होता वादिए-वहशत[4] में ऐ मजनूं
तो गुम्बद हमसे सरगश्तों[5] की तुरबत[6] पर कहां होता
न करता ज़ब्त मैं गिरिया[7] तो ऐ 'ज़ौक़' इक घड़ी भर में
कटोरे की तरह घड़ियाल के ग़र्क़ आसमां होता

आंखें मेरी तलवों से वो मल जाये तो अच्छा
है हसरते-पाबोस[8] निकल जाये तो अच्छा
बीमारे - मुहब्बत ने लिया तेरे संभाला
लेकिन वो संभाले से संभल जाये तो अच्छा
फ़ुरक़त से तेरी तारे-नफ़स सीने में मेरे
कांटा-सा खटकता है, निकल जाये तो अच्छा
दिल गिर के नज़र से तेरे उठने का नहीं फिर
यह गिरने से पहले ही संभल जाये तो अच्छा
है क़तए-रहे-इश्क़[9] में ऐ 'ज़ौक़' अदब शर्त
जूं शमा तू अब सर ही के बल जाये तो अच्छा

---

1. छोटा-सा संसार 2. आकाश-गंगा 3. आकाश 4. प्रेमोन्माद की घाटी 5. पागलों 6. कब्र
7. रोदन 8. पाँव चूमने की इच्छा 9. प्रेम का रास्ता काटने

जान के जी में सदा जीने का अरमां ही रहा
दिल को भी देखा किये यह भी परेशां ही रहा
कब लिबासे-दुनयवी[1] में छुपते हैं रौशन-ज़मीर[2]
ख़ानाए-फ़ानूस[3] में भी शोला उरिया[4] ही रहा
आदमीयत और शै[5] है इल्म है कुछ और शै
कितना तोते को पढ़ाया पर वो हैवां ही रहा
मुद्दतों दिल और पैकां[6] दोनों सीने में रहे
आख़िरश दिल बह गया खूं होके पैकां ही रहा
दीनो-ईमां ढूंढता है 'ज़ौक़' क्या इस वक़्त में
अब न कुछ दीं ही रहा बाक़ी न ईमां ही रहा

जहां में अरसा इश्रत से सिवा दहचंद[7] है ग़म का
अगर है ईद का इक दिन तो अ़शरा[8] है मुहर्रम का
ख़राशे-सीना में इक रह गया है टूटकर नाखुन
ग़लत है जो समझते हैं कि यह फाहा है मरहम का
शहीद ऐ 'ज़ौक़' सीने में हुई हैं हसरतें लाखों
मेरी जो आह है गोया वो है इक नख़्ल[9] मातम का

---

1. सांसारिक आवरण 2. महात्मा 3. फ़ानूस का घर 4. नग्न, स्पष्ट 5. चीज़ 6. तीर की नोक
7. दस गुना 8. दस दिन 9. पेड़

इस तपिश[1] का है मज़ा दिल ही को हासिल होता
काश, मैं इश्क़ में सर-ता-ब-क़दम[2] दिल होता
गर सियहबख़्त[3] ही होना था नसीबों में मेरे
ज़ुल्फ़ होता तिरे रुख़्सार पै, या तिल होता
मौत ने कर दिया नाचार वगर्ना इन्साँ
है वो ख़ुदबीं, कि खुदा का भी न क़ायल होता
करता बीमारे-मुहब्बत का मसीहा[4] जो इलाज
इतना दिक़ होता कि जीना उसे मुश्किल होता
आप आईना-ए-हस्ती[5] में है तू अपना हरीफ़[6]
वर्ना याँ कौन था जो तेरे मुक़ाबिल होता
सीना-ए-चर्ख़ में[7] हर अख़तर[8] अगर दिल है तो क्या
एक दिल होता, मगर दर्द के क़ाबिल होता
होती गर उक़्दा-कुशाई न यद-अल्लाह[9] के साथ
'ज़ौक़' हल क्योंकि मेरा उक़्दए-मुश्किल[10] होता

---

1. जलना 2. सर से पाँव तक 3. हल भाग्य, दुर्भाग्य 4. ईसा मसीह 5. अस्तित्व-रूपी दर्पण 6. सामना करने वाला, दुश्मन 7. आसमान के सीने में 8. सितारा 9. हज़रत अली 10. कठिन काम

क्या जाने उसे वहम है क्या मेरी तरफ़ से
जो ख़्वाब में भी रात को तन्हा नहीं आता
मैं जाता जहाँ से हूँ तू आता नहीं याँ तक
काफ़िर तुझे कुछ ख़ौफ़ खुदा का नहीं आता
दुनिया है वो सैयाद कि सब दाम में इसके
आ जाते हैं, लेकिन कोई दाना नहीं आता
बेजा है दिला[1], उसके न आने की शिकायत
क्या कीजेगा, फ़रमाइए? अच्छा, नहीं आता
हम रोने पे आ जायें तो दरिया ही बहा दें
शबनम की तरह से हमें रोना नहीं आता
हस्ती से ज़ियादा है कुछ आराम अ़दम[2] में
जो जाता है वां से वो दोबारा नहीं आता
ग़ाफ़िल ! है बहारे - चमने - उम्र[3] जवानी
कर सैर कि मौसम ये दोबारा नहीं आता
क़िस्मत ही से लाचार हूं ऐ 'ज़ौक़' वगर्ना[4]
सब फ़न में हूं मैं ताक़[5] मुझे क्या नहीं आता

1. ऐ दिल! 2. परलोक 3. आयु-रूपी उद्यान का वसंत 4. वर्ना 5. दक्ष

हर इक से है क़ौल आशनाई का झूठा
वो काफ़िर है सारी खुदाई का झूठा
न क्यों तेरे दांतों से झूठा हो मोती
कि दावा किया था सफ़ाई का झूठा
रसाई[1] हुई जबकि दामन तक उनके
हुआ हाथ अपनी रसाई का झूठा
खुदा जाने है 'ज़ौक़' झूठा कि सच्चा
मगर वो नहीं आशनाई का झूठा

दरियाए-अश्क[2] चश्म से जिस आन बह गया
सुन लीजियो कि अ़र्श का ऐवान[3] बह गया
ज़ाहिद! शराब पीने से काफ़िर हुआ मैं क्यों
क्या डेढ़ चुल्लू पानी में ईमान बह गया
यह रोये फूट-फूट के पांवों के आबले
नाला-सा एक सूए-बियाबान बह गया
कश्ती-सवारे-उम्र[4] हैं बहरे-फ़ना[5] में हम
जिस दम बहा के ले गया तूफ़ान, बह गया
था 'ज़ौक़' पहले दिल्ली में पंजाब का-सा हुस्न
पर अब वो पानी, कहते हैं, मुल्तान बह गया

---

1. पहुँच 2. आँसू की नदी 3. महल 4. उम्र की नाव पर बैठे हुए 5. मृत्यु का सागर

यां तक उदू[1] ज़माना है मर्दे-दिलेर का
झुलसे हैं मुंह शिकार किये पर भी शेर का
दम आ चुका लबों पे, है आंखों में इंतज़ार
बेदर्द जल्द आ कि नहीं वक़्त देर का
ज़ेबा है 'ज़ौक़' ख़िरक़ए-दरवेश[2] मस्त को
बुरक़ा कभी न पायेगा नामर्द शेर का

मेरे सीने से तेरा तीर जब ऐ जंगजू[3] निकला
दहाने-ज़ख़्म[4] से खूं होके हर्फ़े-आरजू[5] निकला
कहीं तुझको न पाया गर्चे हमने इक जहां ढूंढा
फिर आख़िर दिल ही में देखा बग़ल ही में से तू निकला
ख़जिल[6] अपने गुनाहों से हूं मैं यां तक कि जब रोया
तो जो आंसू मेरी आंखों से निकला सुर्ख़रू निकला
घिसे जब नाखुने-तदबीर और टूटी सरे-सोज़न[7]
मगर था दिल में जो कांटा न हर्गिज़ वह कभू निकला
उसे अय्यार[8] पाया यार समझे 'ज़ौक़' हम जिसको
जिसे यां दोस्त हमने अपना जाना वह उदू[9] निकला

1. शत्रु 2. फ़क़ीरों की गुदड़ी 3. लड़ाकू (प्रियतम) 4. घाव का मुँह 5. प्रेम-निवेदन 6. शर्मिन्दा 7. सुई की नोक 8. चालाक 9. दुश्मन

नाला जब दिल से चला सीने में फोड़ा अटका
चलती गाड़ी में दिया इश्क़ ने रोड़ा अटका
जल्द आ वादाए-दीदार पे ऐ वादा-ख़िलाफ़
कब तक अटका रहे दम आंखों में थोड़ा अटका
तौसने-उम्रे-रवां[1] हर नफ़स[2] उड़ता ही रहा
कभी मैदाने-फ़ना में न ये घोड़ा अटका
भागा मजनूं मेरी वहशत से बगूले की तरह
सामने मेरे ज़रा भी न भगोड़ा अटका
ले गये मर के भी ऐ 'ज़ौक़' रुकावट दिल में
हाथ तलवार का जो यार ने छोड़ा, अटका।

दुश्मने-जां यक-बयक सारा ज़माना हो गया
हाय तासीरे-मुहब्बत! यह सितम क्या हो गया
तुम में था या मुझ में था दिल फिर कहो क्या हो गया
दिल के जाने का तो आ़लम को अचंभा हो गया
बादाए-गुलगूं[3] ने रंगे-रुख[4] को रौशन कर दिया
पहले था गुलरंग मुखड़ा फिर भभूका हो गया
यादे-जुल्फ़े-अंबरी[5] में रात भर आहें भरीं
गुम्बदे-गर्दू[6] सियह[7] सारे का सारा हो गया
'ज़ौक़' ने हो जुल्फ़ को छेड़ा तो ले मुझसे क़सम
तूने खुद छेड़ा उसे और बरहम[8] इतना हो गया

---

1. आयु रूपी घोड़ा 2. साँस, दम 3. लाल शराब 4. चेहरे का रंग 5. अंबर (एक तरह की खुशबू जिसे जलाकर धुआँ दिया जाता है) जैसी केशराशि की याद 6. आसमान का गुम्बद 7. काला 8. बिखरा हुआ, नाराज़

बरंगे-गुल[1] सबा[2] से कब खिला दिलगीर दिल मेरा
कि है बाग़े-जहां में गुंचाए-तस्वीर[3] दिल मेरा
संभाले रख ज़रा ऐ आसमां देख अपने दामन को
ज़मीं पर खींचता है नालाए-शबगीर[4] दिल मेरा
बुतो गर हुस्न की दौलत से तुम हो बन गये पारस
हुआ है कीमियाए-इश्क़[5] से अक्सीर[6] दिल मेरा
कभी मिन्नत की ज़ंजीर उनको पहने उसने देखा था
है अब तक पहने तारे-अश्क[7] की ज़ंजीर दिल मेरा
बुतों को इश्क़ है गर 'ज़ौक़' तो सारी खुदाई में
करेगा शहर-शहर इक दिन मुझे तशहीर[8] दिल मेरा

चाहे आ़लम[9] में फ़रोग़[10] अपना, तो हो घर से जुदा
देख चमके है शरर[11] होते ही पत्थर से जुदा
दिल मेरा यारब न हो जुल्फ़े-मुअंबर[12] से जुदा
सर जुदा हो तन से यह सौदा[13] न हो सर से जुदा
हज़रते-आदम को शैतां ने निकाला खुल्द[14] से
ग़ैर ने हमको किया है कूए-दिलबर[15] से जुदा
'ज़ौक़' है तर्के-वतन में साफ़ नुक़्से-आबरू[16]
बिकते फिरते हैं गुहर[17] होकर समुन्दर से जुदा

---

1. फूल की तरह 2. सुबह की हवा 3. चित्रांकित कली, 4. रातों का रोना 5. प्रेम-रसायन 6. ताँबे से सोना बनाने वाली मिट्टी 7. आँसू का तार 8. प्रसिद्ध 9. संसार 10. उन्नति 11. चिंगारी 12. सुगंधित केशराशि 13. उन्माद 14. स्वर्ग 15. प्रियतम की गली 16. अपमान 17. मोती

लाले-लबो-दंदाने-सनम[1] का दिल ने जब से ख्याल किया
सुम्म-बकुम[2] कह के है गोया हमने ज़बां को लाल किया
लेगा दिला[3] इस इश्क़ से क्या तू जिसने कोहो-सहरा[4] में
मजनूं का वह हाल किया फ़रहाद का है वह हाल किया
फिरता है तू ऐ चांद के टुकड़े बसकि[5] शबो-रोज़ आंखों में
दिल ने रौशन हो के शबे-फुरक़त[6] को है रोज़े-विसाल[7] किया
आग है दिल में दर्द जिगर में आंख में आंसू लब पे फ़ुग़ां
इश्क़ ने उसके 'ज़ौक़' हमारा देख लो है यह हाल किया

तेरे हाथों कोई आवारा ऐ गरदूं[8] न ठहरेगा
वलेकिन तू भी गर चाहे कि मैं ठहरूं, न ठहरेगा
वो दौलत कर तलब जिससे कि दिल हो जाय मुस्तग़नी[9]
अगर हाथ आयेगा गंजीनाए-क़ारूं[10] न ठहरेगा
गिरा हूं चश्मे-साक़ी से, मेरी तस्वीर में भी गर
बना देगा कोई जामे-मए-गुलगूं[11] न ठहरेगा
सरे-बालीं[12] इसे हमदम[13] कोई दम तो ठहरने दे
अभी से क्या कहूं हाले-दिले-महज़ूं[14] न ठहरेगा
यही है दिल की बेताबी तो बाद-अज़-मर्ग[15] भी क़ातिल
न ठहरा है ज़मीं पर आ़शिक़े-महज़ूं न ठहरेगा

---

1. प्रियतम के होंठ और दाँत 2. गूंगा-बहरा 3. ऐ दिल 4. पहाड़ और जंगल 5. बहुत 6. विरह-रात्रि 7. मिलन-दिवस 8. आसमान 9. इच्छारहित 10. क़ारूं का ख़ज़ाना 11. लाल शराब का प्यारा 12. सिरहाने 13. दोस्त 14. दुखी दिल का हाल 15. मरने के बाद

आदम दुबारा सूए-बहिश्ते-बरीं[1] गया
देखो जहां खराब हुआ था वहीं गया
दुनिया गई कि इश्क़ में ईमानो-दीं गया
वह मिल गया तो जानिए कुछ भी नहीं गया
खुर्शीद-बार[2] चर्ख़[3] पे चमका कोई तो क्या
आख़िर को फिर जो देखा जो ज़ेरे-ज़मीं[4] गया
देखा कहीं न उसको, जो देखा तो अपने पास
मैं दूर - दूर ज्यूं निगहे - दूरबीं[5] गया

आना तो ख़फ़ा आना, जाना तो रुला जाना
आना है तो क्या आना, जाना है तो क्या जाना
क्या तबअ़[6] में जूदत[7] है, चट दिल की उड़ा जाना
होंटों का यहां हिलना, वां बात का पा जाना

आदमी गर हो मुकद्दर[8] क्या क़सूर इदराक[9] का
ख़ाक का पुतला है यह कुछ तो असर हो ख़ाक का

क्यों कह के मुकरता है कि मैं कुछ नहीं कहता
कह जो तुझे कहना है कि मैं कुछ नहीं कहता

1. स्वर्ग की ओर 2. सूर्य की भाँति 3. आसमान 4. ज़मीन के नीचे 5. दूरबीन की निगाह या दूरदर्शी 6. तबीयत 7. तेज़ी 8. मैला 9. समझ

दिल की तपिश से ज़ख़्मे-जिगर का रात जो टांका टूट गया
तायरे-जां[1] जो रिश्ता-ब-पा[2] था फुरसत पाकर छूट गया

हाथ आकर दिले-वहशी जो कोई छूट गया
हवसे-सैद[3] से सय्याद[4] का जी छूट गया

मसज़िद में उसने हमको आंखें दिखा के मारा
काफ़िर की देखो शोख़ी घर में ख़ुदा के मारा

हुए इंसान हम दर्दे-मुहब्बत के लिए पैदा
फ़रिश्ते होते गर, होते इबादत[5] के लिए पैदा

आख़िर गिल[6] अपनी ख़ाके-दरे-मैकदा[7] हुई
पहुंची वहीं ये ख़ाक जहां का ख़मीर था

कुछ राज़े-निहां[8] दिल का अयां हो नहीं सकता
गूंगे का सा है ख़्वाब बयां हो नहीं सकता

---

1. प्राण-पखेरू 2. जिसके पाँव में डोरी बँधी हो 3. शिकार का लालच 4. शिकारी 5. उपासना
6. मिट्टी 7. मधुशाला के द्वार की धूल 8. छुपा भेद

पी भी जा 'ज़ौक़' न कर पेशो-पसे-जामे-शराब[1]
लब पे तौबा तेरे दिल में हवसे-जामे-शराब
बाज़गश्त[2] अपनी है यूं जानिब-क़स्सामे-अज़ल[3]
जैसे साक़ी की तरफ़ बाज़पसे-जामे-शराब[4]
बे-ख़बर क़ाफ़िलाए-पेश गुज़र जाता है
बेज़बां है जो दहाने-जरसे-जामे-शराब[5]
समझे मैख़ाने की अ्ज़मत तो न बैठे हर्गिज़
सरे-जमशेद पे उड़कर मगसे-जामे-शराब[6]
'ज़ौक़' जल्दी मए-गुलरंग से भर साग़रे-मुल[7]
लबे-नाज़ुक को है उसके हवसे-जामे-शराब

हश्र[8] तक दिल में रही उस सर्व-क़ामत[9] की तलब
यह तबल अपनी थी यारब किस क़यामत की तलब
वास्ते नज़्ज़ाराए-क़ातिल के फ़ुरसत चाहिए
और यहां फ़ुरसत कहां जो कीजे फ़ुरसत की तलब
बढ़ गयी है ऐश में हिर्स इस क़दर अपनी कि है
ग़म पे ग़म की आरज़ू हसरत पे हसरत की तलब
जो हलावत[10] चाहता है ज़िन्दगी की चर्ख़[11] से
तो कभी हर्गिज़ न कर तू उससे राहत की तलब
बतने-मादर[12] ही से जब पैदा हुआ तकलीफ़ से
यां कहां राहत कि तू करता है राहत की तलब
गर गुलिस्ताने-जहां में तंग है तू गुंचावार
कर कुशादा[13] दिल से अपने 'ज़ौक़'-वुसअत[14] की तलब

---

1. शराब पीने में आनाकानी 2. वापसी 3. ईश्वर की ओर 4. प्याले की वापसी 5. प्याले-रूपी घंटे का मुँह 6. शराब की मक्खी 7. शराब का प्याला 8. क़यामत 9. सीधे क़द वाले (प्रियतम) 10. मिठास 11. आसमान (भाग्य) 12. माँ के पेट 13. खुले 14. फैलाव

दीदए - आब्लए - पा[1] का यही है रोना
कि न पहुँचा हो कहीं मुझसे किसी खार[2] को रंज
जा बजा कोह के चश्मों से रवाँ हैं आँसू
हैं जो नाकामए-फ़रहाद का कुहसार को रंज[3]
राहतो दंज ज़माने में हैं दोनों, लेकिन
याँ अगर एक को राहत है तो है चार को रंज

मालूम जो होता हमें अंजामे - मुहब्बत
लेते न कभी भूल के हम नामे-मुहब्बत
है दाग़े-मुहब्बत दिरम-ओ-दामे-मुहब्बत
मुज़्दा तुझे ऐ ख़्वाहिशे-इन्आमे-मुहब्बत
की जिससे रहो-रस्मे-मुहब्बत उसे मारा
पैग़ामे - क़ज़ा है तेरा पैग़ामे - मुहब्बत
मे'राज[4] समझ 'ज़ौक़' तू क़ातिल की सनाँ[5] को
चढ़ सर के बल इस ज़ीने पे ता-बामे-मुहब्बत[6]

ठहरी है उनके आने की अब कल पे जा सलाह
ऐ जाने-ब-लब-आमदा[7] अब तेरी क्या सलाह
रहता है अपना इश्क़ में यूं दिल से मशवरा
जिस तरह आशना से करे आशना सलाह
करती ख़राब उसी को है तेरी निगाहे-मस्त
जिसको कि देखती है निकोकारो-बासलाह[8]
है यह मेरा रफ़ीक़[9] यही है मेरा शफ़ीक़[10]
लूं किससे वां के जाने की दिल के सिवा सलाह
ऐ 'ज़ौक़' जा न होशो-ख़िरद[11] की सलाह पर
दे इश्क़ जो सलाह वही है बजा सलाह

---

1. पैर के छाले की आँख, 2. कांटा 3. यहाँ-वहाँ पहाड़ी झरनों से आँसू बह रहे हैं, जो फरहाद की असफलता पर पहाड़ के दुख की अभिव्यक्ति हैं 4. सीढ़ी 5. बर्छी 6. प्रेम की छत तक 7. होंठों पर आयी हुई जान 8. पवित्र आचरण वाला 9. मित्र 10. कृपालु 11. बुद्धि

क्या आये तुम जो आये घड़ी दो घड़ी के बाद
सीने में सांस होगी अड़ी दो घड़ी के बाद
क्या रोका अपने ग़िरिये[1] को हमने कि लग गयी
फिर वो ही आंसुओं की झड़ी दो घड़ी के बाद
कल हमने उससे तर्के-मुलाकात की तो क्या
फिर उस बग़ैर कल न पड़ी दो घड़ी के बाद
क्या जाने दो घड़ी वो रहे 'ज़ौक़' किस तरह
फिर तो न ठहरे पांव घड़ी दो घड़ी के बाद

निगह नहीं हर्फ़े-दिलनशीं[2] था, दहन[3] की तंगीं से तंग होकर
निकल के रस्ते से चश्मे-फ़त्तां[4] के दिल में बैठा ख़दंग[5] होकर
वो चश्मे-मख़मूर इक नज़र से चुभोये लाखों जो नेश्तर से
तो हो रवां हर रगे-जिगर से लहू मए-लाला-रंग[6] होकर
जो रंगे-उल्फ़त से आशना हैं वो गिर पड़े पर भी खुशनुमा हैं
कि रंग ही से गिरांबहा[7] हैं अक़ीक़ो-याकूत[8] संग[9] होकर
सफ़ाए-दिल[10] की यही है सूरत कि दिल में आने न दे कदूरत[11]
कि बैठ जायेगी बिज़्ज़रूरत[12] इस आईने पे ये ज़ंग होकर
हलावतो-शर्मे-पासदारी[13] जहां में है 'ज़ौक़' रंजो-ख़्वारी
मज़े से गुज़री अगर गुज़ारी किसी ने बे-नामो-नंग होकर

1. रुदन 2. दिल में घर करने वाली बात 3. मुँह 4. ज़ालिम आँख 5. तीर 6. लाल शराब 7. बहुमूल्य 8. दो जवाहरात के नाम 9. पत्थर 10. दिल की सफ़ाई 11. मैल, दुश्मनी 12. अवश्य 13. शिष्टाचार

तेरा बीमार न संभला जो संभाला लेकर
चुपके ही बैठ रहे दम को मसीहा[1] लेकर
शर्ते-हिम्मत नहीं मुजरिम हो गिरफ़्तारे-अज़ाब[2]
तूने क्या छोड़ा अगर छोड़ेगा बदला लेकर
मुझ-सा मुश्ताक़े-जमाल[3] एक न पाओगे कहीं
गर्चे ढूंढोगे चिराग़े-रुखे-ज़ेबा[4] लेकर
तेरे क़दमों ही में रह जायेंगे, जायेंगे कहां
दश्त[5] में मेरे क़दम आबलाए-पा[6] लेकर
वां से यां आये थे ऐ 'ज़ौक़' तो क्या लाये थे
यां से तो जायेंगे हम लाख तमन्ना लेकर

कल गये थे तुम जिसे बीमारे-हिजरां[7] छोड़कर
चल बसा वह आज सब हस्ती का सामां छोड़कर
तिफ़्ले-अश्क[8] ऐसा गिरा दामाने-मिज़गां[9] छोड़कर
फिर न उट्ठा कूचाए-चाके गरेबां[10] छोड़कर
सर्द-मेहरी[11] से किसी की आग से दिल सर्द है
यां से हट जा धूप ए अब्रे-बहारां[12] छोड़कर
गर खुदा देवे क़नाअत[13] माहे-यक-हफ़्ता[14] की तरह
दौड़े सारी को कभी आधी न इन्सां छोड़कर
पढ़ ग़ज़ल ऐ 'ज़ौक़' कोई गर्म-सी तू अब बजा
जानिबे-मज़मून[15] तर्ज़े-तुफ़्ता-जानां[16] छोड़कर

---

1. ईसा 2. कष्ट में फँसा 3. सौंदर्य-प्रेमी 4. सुन्दर मुख-रूपी दीपक 5. जंगल 6. पाँव के छाले 7. विरह का रोगी 8. आँसू-रूपी बालक 9. पलकों का दामन 10. गरेबान के छेद रूपी गली 11. उदासीनता 12. वसंत के बादल 13. संतोष 14. अष्टमी का चंद्रमा 15. विषय 16. दुखियों का ढंग

मैं वो मजनूं हूं जो निकलूं कुंजे-ज़िंदाँ[1] छोड़कर
सेबे-जन्नत तक न खाऊं संगे-तिफ़्लां[2] छोड़कर
मैं हूं वो गुमनाम जब दफ़्तर में नाम आया मेरा
रह गया बस मुंशी-ए-कुदरत जगह वां छोड़कर
अहले-जौहर[3] को वतन में रहने देता गर फ़लक[4]
लाल क्यों इस रंग से आता बदख़्शां छोड़कर
घर से भी वाक़िफ़ नहीं उसके कि जिसके वास्ते
बैठे हैं घरबार सब हम ख़ाना-वीरां छोड़कर
इन दिनों गर्चे दकन में है बड़ी क़द्रे-सुख़न[5]
कौन जाये 'ज़ौक़' पर दिल्ली की गलियां छोड़कर

बुलबुल हूं सहने-बाग़ से दूर और शिकस्ता-पर[6]
परवाना हूं चिराग़ से दूर और शिकस्ता-पर
उस मुर्ग़े-नातवां[7] पे है हसरत जो रह गया
मुर्ग़ाने कोहो-राग़[8] से दूर और शिकस्ता पर
ए 'ज़ौक़' मेरे तायरे-दिल[9] को कहां फ़राग़[10]
कोसों है वह फ़राग़ से दूर और शिकस्ता-पर

---

1. क़ैदख़ाने का कोना 2. लड़कों के चलाये पत्थर 3. गुणीजन 4. आसमान (भाग्य) 5. कविता की क़द्र 6. टूटे पंखों वाला 7. कमज़ोर पक्षी 8. पहाड़ और जंगल के पक्षी 9. हृदय-रूपी पक्षी 10. आराम

बादाम दो जो भेजे हैं बटुए में डाल कर
ईमा[1] ये है कि भेज दें आंखें निकाल कर
लेकर बुतों ने जान जब ईमां पे डाला हाथ
दिल क्या किनारे हो गया सब को संभालकर
पूछो चले हैं कौन से काबे को अहले-दर्द[2]
मुल्के-फ़ना है, जायें ज़रा दिल संभाल कर
तस्वीर उनकी हज़रते-दिल खींच लायें गर
रख देंगे हम भी पांव पे आंखें निकाल कर
दिल को रफ़ीक़[3] हुस्न में अपना समझ न 'ज़ौक़'
टल जायेगा ये अपनी बला तुझ पे टालकर

शब[4] जाने-ज़ार रुक गयी लब पर दहन[5] के पास
फिर उठ के रह गया ये मुसाफ़िर वतन के पास
मैं तो इसी झिझक पे फ़िदा हूं कि कान को
शब क्या हटा लिया मेरे लाकर दहन के पास
ए 'ज़ौक़' सदक़े जाइए पैके-ख़याल[6] के
क्या ले गया उड़ा के बुते-सीमतन[7] के पास
फिरकर इधर-उधर न हमारा गया क़लक़
लफ़्जे-क़लक़ की तरह से वो ही रहा क़लक़

1. इशारा 2. दुखी (प्रेमी) 3. मित्र 4. रात 5. मुँह 6. कल्पना-रूपी तीर 7. सुन्दर प्रियतम

जो खुलकर उनका जूड़ा बाल आयें सर से पांवों तक
बलाएं आ के लें सौ-सौ बलायें सर से पांवों तक
सरापा[1] शौक़ जायें सर के बल हम जिनके जल्से में
मिसाले-शम्अ़ वो हमको जलायें सर से पांवों तक
बनाया इसलिए इस ख़ाक के पुतले को था इन्सां
कि इसको दर्द का पुतला बनायें सर से पांवों तक
सरापा पाक हैं धोये जिन्होंने हाथ दुनिया से
नहीं हाजत कि वे पानी बहायें सर से पावों तक
मज़ा देता है 'ज़ौक़' अफ़ज़ूं,[2] हों जितने ज़ख़्म अफ़ज़ूं हों
न क्यों हम ज़ख़्मे-तेग़े-इश्क़ खायें सर से पांवों तक

फिर तो आये ख़ैर से हम जाके उस मग़रूर तक
पर उछलता ही रहा अपना कलेजा दूर तक

1. सर से पाँव तक 2. ज़्यादा

फंसे न हल्क़ाए-गेसूए-ताबदार[1] में दिल
बला से गर हो निवाला दहाने-मार[2] में दिल
खुदा बचाये मुझे इस बग़ल के दुश्मन से
कि मेरा दुश्मने-जां है मेरे किनार[3] में दिल
अगर न जब्र करूं इख़्तियार ऐ नासेह
तो क्या करूं कि नहीं मेरे इख़्तियार में दिल
उठा तो लाये मुझे मेरे हमनशीं[4] ऐ 'ज़ौक़'
रहेगा मेरे एवज़ मेरा कूए-यार में दिल

पाबंद जूं दुख़ां[5] हैं परेशानियों में हम
यारब हैं किसकी ज़ुल्फ़ के ज़िन्दानियों[6] में हम
पाकोबियो[7] को मुज़्दा[8] हो ज़िंदान[9] को नवेद
फिर हैं जुनूं के सिलसिला-जुम्बानियों[10] में हम
मतलब से अपने कौन है आगाह जुज़ खुदा
जूं ख़त्ते-सरनविश्त[11] हैं परेशानियों[12] में हम
क्या जानें हम ज़माने को हादिस[13] है या क़दीम[14]
कुछ हो बला से अपनी कि हैं फ़ानियों[15] में हम
जा सकते ज़ो'फ़[16] से नहीं कूचे में उसके 'ज़ौक़'
बह जायें काश गिरिये[17] की तुग़यानियों[18] में हम

1. घुँघराले बालों के छल्ले 2. साँप का मुँह 3. बग़ल 4. दोस्त 5. धुआँ 6. कैदियों 7. पाँव पटकना 8. सुसंवाद 9. क़ैदखाना 10. छेड़ने वालों 11. भाग्य का लिखा 12. माथों, 13. नया 14. प्राचीन 15. नश्वरों 16. कमज़ोरी 17. रोदन 18. तूफ़ानों, बाढ़ों

बे-यार रोज़े-ईद शबे-ग़म से कम नहीं
जामे-शराब दीदाए-पुरनम से कम नहीं
देता है दौरे-चर्ख़[1] किसे फ़ुरसते-नशात[2]
हो जिसके पास जाम वो अब जम[3] से कम नहीं
उस हूरवश[4] का घर मुझे जन्नत से है सिवा
लेकिन रक़ीब हो तो जहन्नुम से कम नहीं
ऐ 'ज़ौक़' किसको चश्मे-हिक़ारत[5] से देखिए
सब हम से हैं ज़ियादा कोई हम से कम नहीं

ख़ुर्शीद-वार[6] देखते हैं, सब को एक आंख
रौशन-ज़मीर[7] मिलते हर इक नेको-बद से हैं
दो गालियाँ, कि बोसा, ख़ुशी पर है आपकी
रखते फ़क़ीर काम नहीं रद्दो-क़द से हैं
जितने मज़े हैं याँ दबिश-ए-नश्श-ए-शराब
हो जाते बे मज़ा हैं जो बढ़ जाते हद से हैं
हरचन्द नातवां हैं मगर रखते दिल क़वी[8]
हम इश्क़ की कुमुक से जुनूं की मदद से हैं
दिल के वरक़ पे सब्त[9] हैं सद-मुहरे-दाग़े-इश्क़
हम करते 'ज़ौक़' इश्क़ का दावा सनद से हैं

---

1. आसमान का चक्कर 2. सुख की फ़ुरसत 3. जमशेद बादशाह 4. हूर की तरह का (प्रियतम)
5. घृणा की दृष्टि 6. सूर्य की भाँति 7. ज्ञानी 8. मजबूत 9. अंकित

गुल परीशाँ हुआ हँस-हँस के चमन में आख़िर
देख ऐ ग़ुंचा[1], यहाँ ख़ंदाँज़नी[2] ख़ूब नहीं
ताबे-दंदाँ[3] न दिखा बज़्म में तू हँस-हँस कर
कोई खा जाये जो हीरे की कनी, ख़ूब नहीं
ख़ालिशे-ख़ार[4] का खटका है बग़ल में मौजूद
देख गुल, दावए-नाज़ुक बदनीं ख़ूब नहीं

नहीं यारों से वह अगली मुलाक़ातों की सब रस्में
पड़ा जिस दिन से दिल बस में तेरे और दिल के हम बस में
मुझे हो किस तरह क़ौलो-क़सम का एतबार उनके
हज़ारों दे चुके वह क़ौल लाखों खा चुके क़स्में

इस गुलिस्ताने-जहां में क्या गुले-इश्रत नहीं
सैर के क़ाबिल है यह पर सैर की फुरसत नहीं
दिल वो क्या जिसको नहीं तेरी तमन्नाए-विसाल
चश्म क्या वो जिसको तेरी दीद की हसरत नहीं
कहते हैं मर जायें गर घुट जायें ग़म के हाथ से
पर तेरे ग़म से हमें मरने की भी फुरसत नहीं
एक तो हसरत बरसती है कभी बरसी के दिन

---

1. कली 2. हँसी उड़ाना 3. दाँत दिखा-दिखा कर हँसना 4. काँटे चुभने का

वर्ना रोता अब्र[1] भी अपनी सरे-तुरबत नहीं
ख़ाक होकर भी फ़लक के हाथ से हमको क़रार
एक साअ़त[2] मिस्ले-रेगे-शीशाए-साअ़त[3] नहीं
एक दिल और उस पे इतने बारे-ग़म अल्ला रे मैं
और इस ताक़त पे ऐसा कोई बे-ताक़त नहीं
'ज़ौक़' इस सूरत-कदे[4] में हैं हज़ारों सूरतें
कोई सूरत अपने सूरत-गर[5] की बे-सूरत नहीं

वक़्ते-पीरी शबाब की बातें
ऐसी हैं जैसी ख़्वाब की बातें
उसके घर ले चला मुझे देखो
दिले-ख़ाना-ख़राब की बातें
मुझको रुसवा करेंगी खूब ऐ दिल
यह तेरी इज़्तराब[6] की बातें
देख ऐ दिल न छेड़ क़िस्साए-ज़ुल्फ़
कि ये हैं पेचो-ताब की बातें
ज़िक्र क्या जोशे-इश्क़ में ऐ 'ज़ौक़'
हम से हों सब्रो-ताब[7] की बातें

1. बादल 2. घड़ी 3. रेत-घड़ी की रेत 4. संसार 5. भगवान 6. बेचैनी 7. धैर्य और शक्ति

गुज़रती उम्र है यूं दौरे-आसमानी में
कि जैसे जाये कोई कश्तिए-दुख़ानी[1] में
रुकाव खूब[2] नहीं तबअ़[3] की रवानी में
कि बू फ़साद की आती है बंद पानी में
नहीं ख़िज़ाब से मतलब हमें, ये मूए-सफ़ेद[4]
सियाहपोश हुए मातमे - जवानी में
कहूं मैं अपनी कहानी तो वो ये कहते हैं
बग़ैर झूठ नहीं और कुछ कहानी में
बजुज़[5] निसार अली शाह कौन जाने 'ज़ौक़'
तेरी ज़बां का मज़ा तेरी शे'र-ख़्वानी[6] में

वो देखें बज़्म में पहले किधर को देखते हैं
मुहब्बत, आज तेरे हम असर को देखते हैं
हम उनके कोठे पे चढ़कर हैं ढूंढते महे-ईद[7]
किधर को चांद है, और हम किधर को देखते हैं
न पूछो शग़्ल असीरी में हम ग़रीबों का
कभी क़फ़स[8] को, कभी बालो-पर को देखते हैं
अरक़[9] के क़तरे नहीं देखते हैं उस रुख़ पर
सितारे धूप में, हम दोपहर को देखते हैं
अ़यार[10] नक़्दे-मुहब्बत[11] को देख सख़्ती पर
लगा के 'ज़ौक़' कसौटी में ज़र[12] को देखते हैं

---

1. भाप से चलने वाला जहाज़ 2. अच्छा 3. विचार, कल्पना 4. सफ़ेद बाल 5. सिवाय 6. शे'र पढ़ना 7. ईद का चाँद 8. पिंजरा 9. पसीना 10. खरापन 11. प्रेम रूपी धन 12. सोना

वह दिन है कौन-सा कि सितम पर सितम नहीं
गर यह सितम हैं रोज़, तो इक रोज़ हम नहीं
ये दिल मुझे डुबो के रहेगा, कि सीने में
वो कौन-सा है दाग़, जो गिर्दाबे-ग़म[1] नहीं
अहले-सफ़ा[2] का देखा न दामन किसी ने तर
गौहर[3] है अपनी आब में ग़र्क़ और नम नहीं
गर आबे-दीद[4] शरबते-कौसर[5] भी है तो क्या
जब तक कि उसमें चाशनी-ए-दर्दो-ग़म नहीं
जाता है आँखें बंद किये 'ज़ौक़' तू कहाँ
ये राहे-कू-ए-यार है, राहे-अदम नहीं[6]

जीते ही जी क्या मुल्के-फ़ना[7] में साथ बशर के झगड़े हैं
मर के इधर से जब कि छुटे तो जाके उधर के झगड़े हैं
कैसा मोमिन[8], कैसा काफ़िर, कौन है सूफ़ी, कैसा रिन्द
सारे बशर हैं बन्दे हक़[9] के, सारे शर[10] के झगड़े हैं
ग़म कहता है दिल में रहूं मैं, जलवये-जानां कहता है मैं
किसको निकालूं किसको रक्खूं ये तो घर के झगड़े हैं
'ज़ौक़' मुरत्तिब[11] क्योंकि हो दीवाँ शिकवए-फ़ुर्सत किससे करें
बाँधे गले में हमने अपने आप ज़फ़र के झगड़े हैं

1. दुख का भँवर 2. निष्कपट लोग 3. मोती 4. आँसू 5. जन्नत की शराब 6. मृत्यु की राह नहीं
7. नश्वर संसार 8. धार्मिक मुसलमान 9. ईश्वर 10. पाप 11. सम्पादित

आज उनसे मुद्दई[1] कुछ मुद्दआ कहने को हैं
यह नहीं मालूम क्या कहवेंगे, क्या कहने को हैं
देखे आइने बहुत, बिन ख़ाक़ हैं नासाफ़ सब
हैं कहां अहले-सफ़ा, अहले-सफ़ा कहने को हैं
दम-ब-दम रुक-रुक के है मुंह से निकल पड़ती ज़बाँ
वस्फ़ उसका कह चुके फ़व्वारे, या कहने को हैं
देख ले तू पहुँचे किस आलम से किस आलम में हैं
नालाहाए - दिल[2] हमारे नारसा[3] कहने को हैं
बे-सबब सूफ़ार[4] उनके मुंह नहीं खोले हैं 'ज़ौक़'
आये पैके-मर्ग[5] पैग़ामे-क़ज़ा कहने को हैं

करे वहशत बयां चश्मे-सुख़नमो[6] इसको कहते हैं
ये सच कहते हैं सर चढ़ बोले जादू इसको कहते हैं
गवारा तल्ख़ी-ए-मै[7] क्यों न हो हम ख़स्ता-जानों को
कि दारू तल्ख़ ही बेहतर है, दारू इसको कहते हैं
जो पूछे अक़्ल यह दिल से बता क्या नाम है तेरा
कहो दीवाना-ए-चश्मे-परीरू[8] इसको कहते हैं
खिंची शीरीं न दिल से, कोहकन[9] ने कोह[10] को काटा
मुहब्बत यह नहीं है, ज़ोरे बाज़ू इसको कहते हैं
अजल[11] सौ बार आयी 'ज़ौक़' पर जब तक न वो आये
न पाया दम निकलने मेरा, क़ाबू इसको कहते हैं
सीना-ओ-दिल पे मेरे ज़ख़्मे-जिगर हँसते हैं
हँसने दो चारागरो[12] हँसते ही घर बसते हैं

---

1. शत्रु 2. दिल का रुदन 3. लक्ष्य पर न पहुँचने वाले 4. तीर 5. मृत्यु का दूत 6. बोलती आँख 7. शराब की कड़वाहट 8. सुन्दर आँख का दीवाना 9. फ़रहाद 10. पहाड़ 11. मौत 12. चिकित्सकों

कमदें और भी यूं तो कमंद-अंदाज़[1] रखते हैं
तेरी ज़ुल्फ़ों के ख़म कुछ और ही अंदाज़ रखते हैं

जिस जगह बैठे हैं बादीदा-ए-नम[2] उट्ठे हैं
आज किस शख़्स का मुंह देख के हम उट्ठे हैं

ज़ाहिदे-गुमराह के मैं किस तरह हमराह हूं
वो कहे 'अल्लाह-हू' और मैं कहूं 'अल्लाह हूं'

शौक़ मस्ती में है गुलगश्ते-चमन[3] का हमको
चाहिए जा-ए-अ़सा[4] गर्दने-मीना[5] हमको
होवेगा कश्तिये-तूफ़ां-ज़दा[6] ताबूत[7] अपना
आ गया अपने अगर मरने पे रोना हमको
हम वो मजनूं हैं कि गर रम[8] करें आहू[9] की तरह
भागे है दूर ही से देख के सहरा[10] हमको
हम न कहते थे कि 'ज़ौक़' उसकी तू ज़ुल्फ़ों को न छेड़
अब वो बरहम है तो है मुझको क़लक़ या हमको

1. कमंद फेंकने वाले 2. आँखों में आँसू भरकर 3. बाग़ की सैर 4. छड़ी की जगह 5. सुराही की गर्दन 6. तूफ़ान से घिरी हुई नाव 7. मुर्दा रखने का सन्दूक 8. भागना 9. हिरन 10. जंगल

बाअ़से-रश्क[1] हुआ इश्क़ हमारा हमको
तुझ पे बिन देखे है ग़श जिसने है देखा हमको
हम वो हैं गर्म-रवे-राहे-फ़ना[2] ज्यूं ख़ुर्शीद[3]
साया तक भाग गया देख न तनहा हमको
देखा आख़िर को न फोड़े की तरह फूट बहे
हम भरे बैठे थे, क्यों आपने छेड़ा हमको
तू हंसी से ये न कह मरते हैं हम भी तुझ पर
मार ही डालेगा बस रश्क हमारा हमको
वस्ल का उसके तसव्वुर जो बंधा रहता है
तो मज़े हिज्र में भी आते हैं क्या-क्या हमको
'ज़ौक़' बाज़ीगहे-तिफ़्लां[4] है सरासर ये ज़मीं
साथ लड़कों के पड़ा खेलना गोया हमको

रिन्दे-ख़राब-हाल को ज़ाहिद न छेड़ तू
तुझको पराई क्या पड़ी अपनी निबेड़ तू
उम्रे-रवां[5] का तौसने-चालाक[6] इसलिए
तुझको दिया था यां से करे जल्द एड़ तू
यह तंगनाए-दहर[7] नहीं मंज़िले-फ़राग़[8]
ग़ाफ़िल न पांव हिर्स के फैला, सुकेड़ तू
आवारगी से कूए-मुहब्बत की हाथ उठा
ऐ 'ज़ौक़' यह उठा न सकेगा खखेड़[9] तू

1. ईर्ष्या का कारण 2. नश्वर जीवन की राह में तेज़ी से चलने वाले 3. सूर्य 4. बच्चों के खेलने की जगह 5. गुज़रने वाली उम्र 6. तेज़ घोड़ा 7. छोटी दुनिया 8. आराम की जगह 9. झंझट

तमन्ना नहीं है कि इमदादे-दिल को
तपिश का सिला[1] हो कि मुज़्दे-क़लक़[2] हो
यही हक़ है, क़ातिल अगर हक़ दिलाये,
ये बिस्मिल तेरे पांव पर जां-बहक़[3] हो
किताबे-मुहब्बत में ऐ हज़रते-दिल
बताओ कि तुम लेते कितना सबक़ हो
कि जब आनकर तुमको देखा तो वह ही
लिये दस्ते-अफ़सोस[4] के दो वरक़ हो
मेरी ज़िन्दगी थी अभी ऐ सितमगर
मसीहाई जो कर गई तेरी ठोकर
कि ठुकराया तूने तो था यूं समझकर
निकल जाये जां कुछ जो सद्दे-रमक़[5] हो

दिन कटा, जाइए अब रात किधर काटने को
जब से वह घर में नहीं, दौड़े है घर काटने को
हाय सय्याद[6] तो आया मेरे पर काटने को
मैं तो खुश था कि छुरी लाया है सर काटने को
अपने आ़शिक़ को न खिलवाओ कनी हीरे की
उसके आंसू ही किफ़ायत[7] हैं जिगर काटने को
वह शजर[8] हूं न गुलो-बार[9] न साया मुझमें
बाग़बां ने लगा रक्खा है मगर[10] काटने को

1. फल 2. क़लक़ (रंज)-रूपी मज़दूरी 3. मर जाये 4. अफ़सोस के (यानी अफ़सोस में मले जाने वाले) हाथ 5. जान निकलने में बाधा 6. शिकारी 7. काफ़ी 8. पेड़ 9. फूल-फल 10. शायद

शाह ही से दिले-बेताब का है 'ज़ौक़' ये हाल
है अभी रात पड़ी चार पहर काटने को

सगे-दुनिया[1] पस-अज़-मुर्दन[2] भी दामनगोरे-दुनिया हो
कि उस कुत्ते की मिट्टी से भी कुत्ता-घास पैदा हो
मेरे सहरा में वह वहशत बरसती है कि मजनूं के
गिरे गर सर पे क़तरा आबला ज़ेरे-कफ़े-पा[3] हो
कहें क्या दिल की वुसअ़त[4] अपनी हम, अल्लाह रे वुसअ़त
अगर नौ आसमां हों जमअ़ हम ख़ाले-सुवैदा[5] हो
अकेला रह गया यारों से हूं यूं नातवानी में
कहीं शाख़े-ख़िज़ां-दीदा[6] पे जैसे ज़र्द पत्ता हो
जो ज़िक्र अल्लाह का हो 'ज़ौक़' मानअ़[7] मायाए-इश्रत[8]
तो क्यों हक़-हक़ करे वह शीशा जिस शीशे में सहबा[9] हो

पथरा दिया जल्वे ने तेरे चश्मे-सनम[10] को
चकरा दिया ग़मज़े[11] ने तेरे तौफ़े-हरम[12] को
जब से कि लिखा है तेरा वस्फ़े-रुख़े-ज़ेबा[13]
चूमे है क़लम लौह[14] को और लौह क़लम को

1. दुनिया का कुत्ता (लालची आदमी) 2. मरने के बाद 3. पाँव के तलवे में 4. विस्तार 5. दिल के अन्दर का काला दाग़ 6. पतझड़ की मारी शाखा 7. रोकने वाला 8. विलास 9. शराब 10. मूर्ति की आँख 11. अदा 12. काबे की परिक्रमा 13. सुन्दर मुख का गुण 14. लेखन-पट्ट

जाये न कजी[1] तबअ़ए-जफ़ा-पेशा की[2] हर्गिज़
किस तरह निकाले कोई शमशीर के ख़म को
क्या देगा दम आकर किसी बेदम को मसीहा
अल्लाह सलामत रखे इस तेग़ के दम को
बद हो कोई या नेक रक़म[3] काम है उसका
अहवाले-बदो-नेक से क्या काम क़लम को

क़यामत को भी क्या इंसाफ़ अपना ऐ सितमगर हो
अभी क़िस्सा न हो आख़िर कि आख़िर[4] रोज़े-महशर[5] हो
हरम को जाये ज़ाहिद हम तो मैख़ाने को चलते हैं
मुबारक उसको तौफ़े-काबा[6] हमको दौरे-साग़र हो
नशा टूटे तेरे साग़र-कशे-वहशत[7] का क्या मुमकिन
अगर सौ टुकड़े संगे-कोदकां[8] से कासाए-सर[9] हो
मुझे सहने-चमन भी अरसागाहे-हश्र[10] हो तुम बिन
गुले-खुर्शीद[11] मेरे वास्ते खुर्शीदे-महशर[12] हो
जो खोये आपको वह मंज़िले-मक़सूद को पहुंचे
तेरी गुमगश्तगी[13] इस राह में ऐ 'ज़ौक़' रहबर[14] हो

1. टेढ़ापन 2. दुष्टों की प्रकृति 3. लिखना 4. समाप्त 5. क़यामत का दिन 6. क़ाबे की परिक्रमा 7. उन्माद की शराब पीने वाला 8. लड़कों के (फेंके) पत्थर 9. खोपड़ी 10. क़यामत का मैदान 11. सूरजमुखी का फूल 12. क़यामत का सूर्य 13. खो जाना 14. पथ-प्रदर्शक

बजा कहे जिसे आलम उसे बजा समझो
ज़बाने-ख़ल्क़[1] को नक़्क़ाराए-खुदा समझो
न समझो दश्त[2] शिफ़ाख़ानाए-जुनूं है यह
जो ख़ाक़ सी भी पड़े फांकनी दवा समझो
तुम्हारी राह में मिलते हैं ख़ाक़ में लाखों
इस आरजू में कि तुम अपनी ख़ाके-पा[3] समझो
समझ है और तुम्हारी कहूं मैं तुम से क्या
तुम अपने दिल में खुदा जाने सुन के क्या समझो
तुम्हें है नाम से क्या काम, मिस्ले-आईना
जो रूबरू हो उसे सूरत-आशना समझो
नहीं है कम ज़रे-ख़ालिस[4] से ज़र्दी-ए-रुख़्सार
तुम अपने इश्क़ को ऐ 'ज़ौक़' कीमिया[5] समझो

अ़बस[6] तुम अपनी रुकावट से मुंह बनाते हो
वो लब पे आयी हँसी देखो मुस्कुराते हो
छुपा के पान ये किस के लिए बनाते हो
हमारे क़त्ल का बीड़ा कहीं उठाते हो
गुलो, ये कह गयी क्या कान में तुम्हारे सबा[7]
कि लोटे जाते हो फूले नहीं समाते हो

1. दुनिया वालों की बातें 2. जंगल 3. चरण-रज 4. खालिस सोना 5. वह विद्या जिससे ताँबे को सोना बना लेते हैं 6. बेकार 7. सुबह की हवा

वो आये बाम[1] पे हैं, हमदमो[2]! न बैठो अब
उठाओ मेरा जनाज़ा अगर उठाते हो
ये ऐसा कौन-सा अंदाज़े-गुफ़्तगू है 'ज़ौक़'
कि जिस पे ज़ोरे-तबीयत तुम आज़माते हो

दमे-ज़िबह तेग़े-जफ़ा में जब तेरी बहता आबे-हयात[3] हो
तो शहीदे-नाज़ को क्योंकि फिर न हयाते-बादे-मुमात[4] हो
जो हैं करते मेरे लिए दुआ कि हो दामे-इश्क़[5] से दिल रिहा
तो है दिल ये कहता कि ऐ ख़ुदा! नहीं इस जुनूं से नजात हो
मुझे कहते सब हैं कि सब्र कर जो नहीं तो सब्र से दरगुज़र
सरे-हुस्नो-इश्क़े-परी में पर न ये बात हो न वो बात हो
तेरा हुस्न वह बुते-महजबीं कि है सदक़े जिसपे जमां-ज़मीं[6]
जो दिखाए रुख़ तो हो दिन वहीं जो छुपाये मुंह वहीं रात हो

कोसूं क्या तंगी-ए-ज़माने को
कि नहीं जा[7] है सर उठाने को
क़स्द काबे का था, फिर उल्टे
चूमकर उसके आस्ताने[8] को
तू मुकद्दर[9] न हो तो इश्क़ में हम
एक आंधी हैं ख़ाक उड़ाने को

---

1. छत 2. दोस्तों 3. अमृत 4. मृत्यु के बाद जीवन 5. इश्क का जाल 6. देश-काल 7. जगह
8. चौखट 9. मैला, नाराज़

अश्कबारी[1] मेरी मिज़गां[2] की ज़रा देखें तो
कितने पानी में हैं फव्वारे भला देखें तो

या तो पासे-दोस्ती तुझको बुते-बेबाक हो
या मुझी को मौत आ जाये कि क़िस्सा पाक हो

जितना है नमक सब मेरे ज़ख़्मों में खपाओ
पलकों से उठाओगे, न हाथों से गिराओ

हक़[3] ने तुझको इक ज़बां दी और दिये हैं कान दो
इसके यह मानी कहे इक और सुने इंसान दो

कहे एक जब सुन ले इंसान दो
कि हक़ ने ज़बां एक दी कान दो

न शबनम को कहो बुलबुल के आंसू
थे हंसते-हंसते निकले गुल के आंसू

1. आँसू बहाना 2. पलकें 3. ईश्वर

मरते हैं तेरे प्यार से हम और ज़ियादा
तू लुत्फ़ में करता है सितम और ज़ियादा
दें क्योंकि न वो दाग़े-अलम और ज़ियादा
क़ीमत में बढ़े दिल के दिरम[1] और ज़ियादा
क्या होवेगा दो-चार क़दह[2] से मुझे साक़ी
मैं लूंगा तेरे सर की क़सम और जियादा
वो दिल को चुराकर जो लगे आंख चुराने
यारों का गया उनपे भरम और ज़ियादा
क्यों मैंने कहा तुझ सा खुदाई में नहीं और
मग़रूर हुआ अब वो सनम और ज़ियादा
लेते हैं समर[3] शाख़े-समरवर[4] को झुकाकर
झुकते हैं सख़ी[5] वक़्ते-करम और ज़ियादा
जो कुंजे-क़नाअ़त[6] में हैं तक़दीर पे शाकिर[7]
है 'ज़ौक़' बराबर उन्हें कम और ज़ियादा

होशो-ख़िरद[8] गये निगहे-सहर-फ़न[9] के साथ
अब जो है अपनी बात सो दीवानेपन के साथ
है उनकी सादगी भी तो किस-किस फबन के साथ
सीधी सी बात भी है तो इक बांकपन के साथ

1. एक पुराना सिक्का 2. मटके 3. फल 4. फल वाली डाल 5. दानी 6. संतोष का कोना 7. सन्तुष्ट 8. बुद्धि 9. जादूगर निगाह

अफ़सुर्दा-दिल[1] के वास्ते क्या चांदनी का लुत्फ़
लिपटा पड़ा है मुर्दा-सा गोया कफ़न के साथ
आख़िर चमन से नकहते-गुल[2] कर गयी सफ़र
ख़ानाबदोश को नहीं उल्फ़त वतन के साथ
मुमकिन नहीं है 'ज़ौक़' अ़लाहक़[3] से छूटना
जब तक कि रूह को है तकल्लुफ़ बदन के साथ

रुक्क़ा चोरी से उसे भेजा है अनजान के हाथ
कैसी रुसवाई है पड़ जाये जो दरबान के हाथ

कर दुआ़ मेरे लिए शैख़ मुनाज़ात[4] में यह
कि ख़राब और ज़ियादा हो ख़ुराबात[5] में यह

तू जान है हमारी और जान ही है सब कुछ
ईमान की कहेंगे ईमान ही है सब कुछ

ले निगाहे-मेहर[6] से दिल मत ब-चश्मे-क़हर[7] देख
गुड़ दिये से जो मरे तो दे न उसको ज़हर देख

---

1. दुखी 2. फूल की खुशबू 3. सांसारिक सम्बन्ध 4. भगवान से प्रार्थना 5. संसार 6. कृपा-दृष्टि 7. कोप-दृष्टि से

हाथ उठाओ इश्क़ के बीमार से
कोई बचता भी है इस आज़ार से
यूं निगाह निकले है चश्मे-यार से
मस्त जैसे ख़ानाए-खुम्मार[1] से
बेनसीब उसके हैं गर दीदार से
सी दो आंखों को नज़र के तार से
ख़जरे - मौजे - तबस्सुम[2] से तेरे
गुल चमन में हैं जिगर-अफ़गार[3] से
करता है दस्ते-जुनूं[4] जब कश्मकश
जी उलझता है नफ़स[5] के तार से
उठ चुका वह नातवां जो रह गया
दब के तेरे सायाए-दीवार से
अपने दामन को बचाकर जाइयो
बर्क़[6] मेरी वादिए-पुर-ख़ार[7] से
दिल को हरदम आ़लमे-मानी[8] से 'ज़ौक़'
है ख़बर आती नफ़स के तार से

---

1. शराब खाना 2. मुस्कान का ख़ंजर 3. रंजीदा 4. उन्माद का हाथ 5. साँस 6. बिजली 7. काँटों से भरी घाटी 8. आध्यात्मिक संसार

तेरे कूचे को वह बीमारे-ग़म दार-उल-शिफ़ा[1] समझे
अजल[2] को जो तबीब[3] और मर्ग[4] को अपनी दवा समझे
वही कुछ तल्ख़-काम[5] इस ज़िन्दगानी का मज़ा समझे
जो ज़हरे-आबे-तेग़े-यार को आबे-बक़ा[6] समझे
वो हम से ख़ाकसारों को जब अपनी ख़ाके-पा[7] समझे
हम अपनी ख़ाकसारी अपने हक़ में कीमिया[8] समझे
हिकायत दिल की कहता हूं समझते हो शिकायत है
तुम्हीं समझो ज़रा दिल में कि समझे भी तो क्या समझे
समझ ही में नहीं आती है कोई बात 'ज़ौक़' उसकी
कोई ज़ाने तो क्या जाने कोई समझे तो क्या समझे

कहां तलक कहूं साक़ी कि ला शराब तो दे
न दे शराब, डुबो कर कोई कबाब तो दे
बला से कम न हो ग़िरिये[9] से मेरा सोज़े-जिगर
बुझा कुछ उनकी ज़रा आतिशे-अ़ताब[10] तो दे
पहुंचा रहूंगा सरे-मंज़िले-फना[11] ऐ 'ज़ौक़'
मिशाले-नक़्शे-क़दम[12] करने पा-तराब[13] तो दे

1. चिकित्सालय 2. मौत 3. चिकित्सक 4. मौत 5. निराश 6. अमृत 7. चरण-रज 8. रसायन-विद्या 9. रोना 10. कोपाग्नि 11. अनस्तित्व के लक्ष्य तक 12. पद-चिह्न की भाँति 13. मिट्टी में मिलना

कब हक़्-परस्त[1] ज़ाहिदे-जन्नत-परस्त है
हूरों पे मर रहा है ये शहवत-परस्त[2] है
दिल साफ़ हो तो चाहिए मानी-परस्त[3] हो
आईना ख़ाक साफ़ है! सूरत-परस्त है
यह 'ज़ौक़' मय-परस्त है या है सनम-परस्त[4]
कुछ हो बला से लेक[5] मुहब्बत-परस्त है

ज़ख़्मे-दिल पर क्यों मेरे मरहूम का इस्तेमाल है
मुश्क गर महंगा है तो क्या खून का भी काल है
अब्र[6] बरसों रो चुका पर सोज़े-ग़म[7] से अब तलक
ख़ाक मेरे ढेर की उड़ने में जैसे राल है
जोशे-गिरिया का मेरे तुम कुछ न पूछो माजरा
चादरे-आबे-रबां[8] मुंह पर मेरे रूमाल है
आये वह शायद अयादत[9] को कि बा-सद-ज़ोफ़े-हाल[10]
आई मिज़ग़ां[11] पर नज़र भी बहरे-इस्तक़बाल[12] है
रोज़े-महशर[13] से कई दिन देखने को चाहिए
गो यही ऐ 'ज़ौक़' तूले-नामा-ए-ऐमाल[14] है

---

1. ईशोपासक 2. कामुक 3. तत्वज्ञान का उपासक 4. मूर्ति-पूजक 5. किन्तु 6. बादल 7. दुःख ताप 8. बहते पानी की चादर (आबे-रवाँ एक कपड़े को भी कहते हैं) 9. हाल पूछना 10. बहुत कमज़ोरी पर भी 11. पलकों 12. स्वागतार्थ 13. क़यामत का दिन 14. कर्मों का लम्बा हिसाब

मूए-सर[1] माराने-सियह[2] का एक सरासर लश्कर है
मांग जो है यह मारे-सफ़ेद[3] इस लश्कर का सरे-लश्कर है
मूज़ीए-ज़हमतकश[4] को ईज़ा क्योंकि न देवें जमअ्-ज़ईफ़[5]
दुश्मने-मारे-ज़ख़्म-रसीदा[6] मोर[7] को अक्सर लश्कर है
मैं वह शाहे-किश्वरे-ग़म[8] हूं यारो जिसके साथ सदा
जोशिशे-अश्क[9] की दौलत है जूं मौजे-समन्दर लश्कर है

कल जहां से कि उठा लाये थे अहबाब मुझे
ले चला आज वहीं फिर दिले-बेताब मुझे
मैं वो मजनूं हूं कि मजनूं भी हमेशा ख़त में
क़िब्ला-ओ-काबा[10] लिखा करता था अलक़ाब मुझे
कुंजे-तनहाई में देता हूं दिलासे क्या-क्या
दिले-बेताब को मैं और दिले-बेताब मुझे
हो गया जल्वाए-अंजुम[11] मेरी आंखों में एक नमक
क्योंकि आये शबे-हिजरां में कहो ख़्वाब[12] मुझे

---

1. सर के बाल 2. काले साँप 3. सफ़ेद साँप 4. दुःख-ग्रस्त अत्याचारी 5. बहुत से कमज़ोर लोग 6. घायल साँप का दुश्मन 7. चींटी 8. दुख के राज्य का राजा 9. आँसू उबलना 10. सम्मान-सूचक पद 11. सितारों की ज्योति 12. नींद

दीवाना आके और भी दिल को बना चले
इक दम तो ठहरो और कि क्या आये क्या चले
ऐ ग़म मुझे तमाम शबे-हिज्र में न खा
रहने दे कुछ कि सुबह का भी नाश्ता चले
बल बे[1] ग़रूरे-हुस्न! ज़मीं पर न रक्खे पांव
मानिंदे-आफ़ताब वो बे-नक़्शे पा[2] चले
क्या ले चले गली से तेरी हम, कि जूं नसीम
आये थे सर पे ख़ाक उड़ाने, उड़ा चले
होकर सवार तौसने-उम्र-रवां[3] पे आह
हम इस सराये-दहर[4] में क्या आये क्या चले
क्या देखता है, हाथ मेरा छोड़ दे तबीब[5]
यां जान ही बदन में नहीं, नब्ज़ क्या चले
ऐ 'ज़ौक़' है ग़ज़ब निगहे-यार अल-हफ़ीज़[6]
वह क्या बचे कि जिस पे ये तीरे-क़ज़ा चले

खबर लूं जेब की या मैं रहूं हुशियार दामन से
जुनूं में उलझे नाखुन जेब से और ख़ार दामन से
तुम्हारे जल्वाए-रुख़[7] के जो बिस्मिल ख़ाक पर लोटें
तो परियां आके पोंछें, ऐ परी रुख़सार दामन से
वही ज़ेबा है उसके वास्ते जो क़तअ़[8] है जिसकी
निकल सकता है कोई आस्तीं का मार दामन से
अब उनको शश-जहत[9] में हफ़्त-दरिया[10] लोग कहते हैं
गिरे थे अश्क के क़तरे मेरे दो-चार दामन से

1. हाय रे 2. पद-चिह्न बनाए बिना 3. गुज़रती उम्र का घोड़ा 4. संसार 5. चिकित्सक 6. ईश्वर रक्षा कर! 7. मुखमंडल की दीप्ति 8. ढंग 9. चारों ओर 10. सात नदियाँ

फ़रिश्ते तेरे दामन को बनायें जा-नमाज़ अपनी
अगर धो डाले तू दाग़े-मए-पिन्दार[1] दामन से
कहां है मौसमे-तिफ़्ली कि हम दामन-सवारों में
लिखा करते थे कारे-तौसने-रहवार[2] दामन से
न होवे दिलजलों की 'ज़ौक़' हमसायों से दिलदारी
कि कब फ़ानूस पोंछे शमअ़ का रुख़सार दामन से

था क़दे-रअ़ना[3] कभी पर अब हवस के बोझ से
झिलमिलाता-सा है शो'ला इक नफ़स[4] के बोझ से
निकले दुनिया से कहां अहमक़ उठा कर बारे-हिर्स
रह गया यह तो गधा दलदल में फंस के बोझ से
मत लगा ऐ इश्क़ दिल के आबले पर नक़्शे-ग़म[5]
टूट जायेगा ये गुम्बद इस कलस के बोझ से
सर झुकाते हैं वो आज़ाद अपना कब मानिंदे-सर्व[6]
है सुबुकसारी[7] जिन्हें बारे-हवस के बोझ से
क्या हुआ दिल ने लिया गर एक कोहे-ग़म[8] उठा
यह नहीं ऐ 'ज़ौक़' दबता ऐसे दस के बोझ से

---

1. उपदेश-रूपी मदिरा का दाग़ 2. तेज़ घोड़े का काम 3. सुन्दर कद 4. साँस 5. वेदना का चिह्न 6. सर्व (एक सीधा और सुन्दर पेड़) की तरह 7. छुटकारा 8. दुख का पहाड़

कीड़ा ज़रा-सा और वो पत्थर में घर करे
इन्सां वो क्या न जो दिले-दिलबर में घर करे
गुम्बद में गर्दबाद[1] के मजनूं ने घर किया
सरगश्ता[2] ऐसा कौन जो चक्कर में घर करे
दुज़्दे-निगह[3] तो आंखों में घर कर रहे हैं 'ज़ौक़'
दिल जिसका गुम हुआ कहो किस घर में घर करे

आता नहीं महे-तिलअ़त[4] क्या देर लगायी है
खैंच ऐ कशिशे-उल्फ़त क्या देर लगायी है
आंखों में है दम तेरे बीमारे-मुहब्बत का
दिखला दे कहीं सूरत क्या देर लगायी है
किस फ़िक्र में है साक़ी दे बादा[5] जो है बाक़ी
थोड़ी है यहां फुरसत क्या देर लगायी है
बे बाद गुलिस्तां में पीते हैं लहू मैकश[6]
साक़ी ने दमे-इश्रत[7] क्या देर लगायी है
ऐ 'ज़ौक़' शहीद उसको करते हैं कई आ़शिक़
करनी है अगर सबक़त[8] क्या देर लगायी है

---

1. बगूला 2. पागल 3. निगाह-रूपी चोर 4. चन्द्रमुखी 5. शराब 6. मद्यप 7. ऐश्वर्यकाल में 8. आगे होना

आंख उस पुरज़फ़ा से लड़ती है
जान कुश्ती क़ज़ा से लड़ती है
निगहे-नाज़ उसकी आशिक़ से
छूट किस-किस अदा से लड़ती है
तेरे बीमार के सरे-बालीं[1]
मौत क्या-क्या शिफ़ा[2] से लड़ती है
देख उस चश्मे-मस्त की शोख़ी
जब किसी पारसा से लड़ती है

है तेरे कान जुल्फ़े-मुअम्बर[3] लगी हुई
रक्खेगी यह न बाल बराबर लगी हुई
बैठे भरे हुए हैं खुमे-मय[4] की तरह हम
पर क्या करें कि मुहर है मुंह पर लगी हुई
मय्यत[5] को गुस्ल दीजो न इस ख़ाकसार की
है तन पे ख़ाके-कूचाए-दिलबर लगी हुई
निकले है कब किसी से कि उसकी मिज़ा[6] की नोक
है फांस-सी कलेजे के अंदर लगी हुई
ऐ 'ज़ौक़' देख दुख़्तरे-रिज़[7] को न मुंह लगा
छुटती नहीं है मुंह से ये काफ़िर लगी हुई

1. सिरहाने 2. इलाज 3. सुगंधित केश-राशि 4. शराब का मटका 5. लाश 6. पलक 7. शराब

अव्वल ही से बशर को है रग़बत ख़िलाफ़[1] से
लेता था काम मुंह का शिकम[2] में ये नाफ़[3] से
है जौहरे-कमाल पे नंगा अगर फ़क़ीर
है तेग़े-तेज़, नंग[4] है उसको ग़िलाफ़ से
लड़ते हैं गह[5] नसीब से गाहे फ़लक से हम
फुरक़त की रात कम नहीं रोज़े-मसाफ़[6] से
गुलहाए-रंग-रंग[7] से है ज़ीनते-चमन
ऐ 'ज़ौक़' इस जहां को है ज़ेब इख़्तलाफ़[8] से

क्या ग़रज़ लाख खुदाई में हों दौलत वाले
उनका बन्दा हूं जो बन्दे हैं मुहब्बत वाले
साक़िया हों न सुबूही[9] की जो आ़दत वाले
सुब्हे-महशर[10] को भी उट्ठें न तेरे मतवाले
न सितम का कभी शिकवा न करम की ख़्वाहिश
देख तो हम भी हैं क्या सब्रो-क़नाअ़त वाले
दिल से कुछ कहता हूं मैं मुझसे है दिल कुछ कहता
दोनों इक हाल में हैं रंजो-मुसीबत वाले
बे-नसीबों के नसीबों में कहां यार का वस्ल
उनकी क़िस्मत में है जो लोग हैं क़िस्मत वाले

1. उल्टी बात 2. पेट 3. नाभि 4. शर्म 5. कभी 6. लड़ाई का दिन 7. रंग-बिरंगे फूल 8. विरोध
9. सुबह पी जाने वाली शराब 10. क़यामत की सुबह

कभी अफ़सोस है आता कभी रोना आता
दिले-बीमार के हैं दो ही अयादत[1] वाले
नाज़ है गुल को नज़ाकत पे चमन में ऐ 'ज़ौक़'
उसने देखे ही नहीं नाज़ो-नज़ाकत वाले

क्या ग़म्ज़ा[2] तेरा बर-सरे-बेदाद[3] ग़ज़ब है
जल्लादे-फ़लक[4] से भी ये जल्लाद ग़ज़ब है
क्यों गुंचा परेशां[5] हो न होते ही शगुफ़्ता[6]
इस बाग़ में होना ही दिले-शाद ग़ज़ब है
वह कौन-सा है ग़म कि जो दुनिया में नहीं है
और इस पे भी दिलकश ये ग़माबाद[7] बहुत है
यह ख़ानाए-हस्ती है अजब ख़ानाए-रंगीं
ऐ 'ज़ौक़' मगर सुस्तीए-बुनियाद[8] ग़ज़ब है

हुए वो कब क़ोयले-क़यामत जो तेरा क़ामत[9] न देख लेंगे
रहेंगे रूयत[10] से बल्कि मुनकिर[11] जो तेरी सूरत न देख लेंगे
दिखाना अहवाल उनको अपना ये उनकी उल्फ़त का इम्तहां है
कि होगी उल्फ़त तो देख लेंगे न होगी उल्फ़त न देख लेंगे

---

1. बीमार का हाल पूछना 2. अन्दाज़ 3. सितम करने वाला 4. आसमान-रूपी जल्लाद 5. बिखरा हुआ 6. खिला हुआ 7. दुख की बस्ती 8. नींव की कमज़ोरी 9. क़द 10. (क़यामत में ईश्वर को) आँख से देखना 11. इनकार करने वाला

ख़त उसको दे भी दिया जो क़ासिद ने 'ज़ौक़' देकर किसी का धोखा
वो ख़त न पहचान लेंगे मेरा? मेरी इबारत न देख लेंगे?

मज़े जो मौत के आशिक़ बयां कभू करते
मसीहो-ख़िज्र[1] भी मरने की आरजू करते
अगर ये जानते चुन-चुन के हमको तोड़ेंगे
तो गुल कभी न तमन्नाए-रंगो-बू करते
समझ ये दारो-रसन[2] तारो-सोज़न[3] ऐ मंसूर
कि चाके-परदा[4] हक़ीक़त का हैं रफ़ू करते
सुराग़ उम्रे-गुज़िश्ता का ढूंढिए गर 'ज़ौक़'
तमाम उम्र गुज़र जाय जुस्तजू करते

नासाज़[5] है जो हम से उसी से ये साज़[6] है
क्या खूब दिल है वाह हमें जिस पे नाज़ है
दरवाज़ा मैकदे[7] का न कर बंद मोहतसिब[8]
ज़ालिम खुदा से डर कि दरे-तौबा बाज़[9] है
ख़ानाख़राबियां दिले-बीमारे-ग़म की देख
वह ही दवा ख़राब है जो ख़ानासाज़[10] है

1. ईसा और खिज्र दोनों अमर माने गये हैं 2. फाँसी और रस्सी 3. सुई-डोरा 4. पर्दे का छेद 5. दुश्मन 6. साँठ-गाँठ 7. मधुशाला 8. मधुशाला का हाकिम 9. खुला 10. घर की बनी

उस बुत पे गर ख़ुदा भी हो आ़शिक़ तो रश्क आए
हरचन्द जानता हूं कि वह पाकबाज़ है
ऐ 'ज़ौक़' सब पे क्यों न खुले अपना राज़े-इश्क़
हर नाला[1] इक कुलीदे-दरे-गंजे-नाज़[2] है

मजे ये दिल के लिए थे, न थे ज़बां के लिए
सो हमने दिल में मज़े सोज़िशे-निहां[3] के लिए
फ़रोग़े-इश्क़ से है रौशनी यहां के लिए
यही चिराग़ है इस तीरा[4] ख़ाकदां[5] के लिए
सदा तपिश पे तपिश है दिले-तपां[6] के लिए
हमेशा ग़म पे है ग़म जाने-नातवां के लिए
न छोड़ तू किसी आ़लम में रास्ती[7] कि ये शै
अ़सा[8] है पीर को और सैफ़[9] हैं जवां के लिए
रहा न दिल न जिगर दोनों जल के ख़ाक हुए
रहा है सीने में क्या चश्मे-खूंफ़शां के लिए
बनाया आदमी को 'ज़ौक़' एक जुज़्वे-ज़ईफ़[10]
और उस ज़ईफ से कुल काम दो जहां के लिए

1. आह 2. सौन्दर्य के ख़जाने की कुंजी 3. छुपी जलन 4. अँधेरे 5. मिट्टी रखने की जगह (शरीर) 6. बेचैन दिल 7. सच्चाई 8. लाठी 9. तलवार 10. कमज़ोर हिस्सा

चुपके-चुपके ग़म का खाना कोई हम से सीख जाय
जो हो जी में तिलमिलाना कोई हम से सीख जाय
अब्रे-तर[1] ! आंसू बहाना कोई हम से सीख जाय
बर्क़े-मुज़तर[2] ! तिलमिलाना कोई हम से सीख जाय
देखकर क़ातिल को भर लाये ख़राशे-दिल में खून
सच तो है यूं मुस्कुराना कोई हम से सीख जाय
जब कहा मरता हूं, वो बोले कोई हम से सीख जाय
झूठ को सच कर दिखाना कोई हम से सीख जाय
हमने पहले ही कहा था तू करेगा हम को क़त्ल
त्यौरियों का ताड़ जाना कोई हम से सीख जाय
क्या हुआ ऐ 'ज़ौक़' हैं जूं मर्दुमक़[3] हम रूसियाह[4]
लेकिन आंखों में समाना कोई हम से सीख जाय

जो ख़ानाए-हस्ती में है इन्सां के लिए है
आरास्ता[5] ये घर इसी मेहमां के लिए है
मस्तों के लिए रहमते-बारी[6] के हैं आसार
ज़ाहिद[7] जो दुआ मांगना बारां[8] के लिए है
कुछ मेरे नसीबों से ज़ियादा जो सियाही
बाक़ी है तो मेरी शबे-हिज़रां के लिए है

---

1. भरा बादल 2. बेचैन बिजली 3. आँख की पुतली 4. काले मुँह वाला (पापी) 5. सजा हुआ
6. ईश-कृपा 7. कर्मकांडी मुसलमान 8. वर्षा

दिल क़ैदे-ताल्लुक़ से निकल सकता नहीं 'ज़ौक़'
क्या दर नहीं इस ख़ानाए-ज़िन्दां[1] के लिए है

फूला नहीं समाता जो गुल पैरहन[2] में है
आता ये किस भरोसे से हंसता चमन में है
दम को नहीं है सीने में आराम एकदम
यह वह ग़रीब है कि मुसाफ़िर वतन में है
होशो-ख़िरद[3] को देख लिया दर्दे-सर में 'ज़ौक़'
आराम को भी देख कि दीवानेपन में है

अब तो घबरा के ये कहते हैं कि मर जायेंगे
मर गये पर न लगा जी तो किधर जायेंगे
सामने चश्मे-गुहरबार[4] के, कह दो, दरिया
चढ़ के गर आये तो नज़रों से उतर जायेंगे
ख़ाली ऐ चारागरो[5] होंगे बहुत मरहमदान
पर मेरे ज़ख़्म नहीं ऐसे कि भर जायेंगे
पहुंचेंगे रहगुज़रे-यार तलक हम क्योंकर
पहले जब तक न दो-आ़लम[6] से गुज़र जायेंगे
आग दोज़ख़ की भी हो आयेगी पानी-पानी
जब ये आ़सी[7] अरक़े-शर्म[8] से तर जायेंगे
हम नहीं वह जो करें ख़ून का दावा तुझ पर

---

1. क़ैदख़ाना 2. कपड़ा (जामा) 3. बुद्धि 4. मोती बरसाने वाली आँख 5. चिकित्सकों 6. लोक-परलोक 7. पापी 8. लज्जा का पसीना

बल्कि पूछेगा खुदा भी तो मुकर जायेंगे
रुख़े-रौशन[1] से नक़ाब अपने उलट देखो तुम
मेहरो-मह[2] नज़रों से यारों के उतर जायेंगे
'ज़ौक़' जो मदरसे के बिगड़े हुए हैं मुल्ला
उनको मैख़ाने में ले आओ, संवर जायेंगे

हमदम दिले-खूं-गश्ता[3] में इक जोशे-फुंज़[4] है
जो आह है सीने में सो फ़व्वाराए-खूं है
क़ायम है बिना[5] दर्द की फ़रियाद से मेरी
जो नाला है ऐवाने-मुहब्बत[6] का सतूं[7] हैं
मर जाऊं मगर राज़े-मुहब्बत न जताऊं
कैसा भी अगर दर्द हो दिल में, न कहूं, है
है वस्ल में ग़म हिज्र का और हिज्र बला है
आराम मुहब्बत में हमें यूं है न वूं है
खो आपको गर ढूंढता है इश्क़ की मंज़िल
गुम-गश्तगी[8] इस रह में तेरी राहनमूं[9] है
क्यों हाले-ज़बूं[10] अपना बयां करता है उनसे
ऐ 'ज़ौक़' तेरे वास्ते यह सख्त ज़बूं है

1. सुन्दर मुख 2. सूर्य-चन्द्र 3. खून हुआ दिल 4. ज़ोरों का जोश 5. नींव 6. प्रेम का भवन 7. स्तम्भ 8. खो जाना 9. पथ-प्रदर्शक 10. बुरा हाल

गुज़रती है मज़े से ज़िन्दगी ग़फ़लत-शुआरी[1] से
मेरे नज़दीक बेहोशी है बेहतर होशियारी से
कभी गर सर उठा अपना तो जूं अश्के-सरे-मिज़गां[2]
ज़मीं से जा लगा सर झुक के अपना शर्मसारी से
नहीं आता न आये रहम ऐ 'ज़ौक़' उस सितमगर को
बला से खुश तो हो जाता है मेरी आहो-ज़ारी से

यार हंसने हाल पर हम दिल-फ़िगारों[3] के लगे
काश कि ऐसे ही यारब दिल को यारों के लगे
इस तरह दर पे दिलों के हैं तेरे चश्मो-निगाह
जूं शिकार-अफ़गन[4] फिरें पीछे शिकारों के लगे
ऐ खुदंगे-यार[5] मर हम जायें ग़ैरत से न क्यों
मरहम आकर ज़ख़्म पर सीना-फ़िगारों के लगे

निगह का वार था दिल पर फड़कने जान लगी
चली थी बरछी किसी पर किसी के आन लगी
किसी के दिल का सुनो हाल दिल लगाकर तुम
जो होवे दिल को तुम्हारे भी मेहरबान लगी
उड़ाई हिर्स ने आकर जहां में सब की खाक
नहीं है किस को हवा ज़ेरे-आसमान[6] लगी

1. बेहोश रहना 2. पलकों पर टिका आँसू 3. दुखियों 4. शिकारी 5. प्रियतम के तीर 6. आसमान के नीचे

तबाह बहरे-जहां[1] में थी अपनी कश्तिए उम्र
सो टूट-फूट के बारे किनारे आन लगी
खुदंगे-यार को किस तरह खींच लूं दिल से
कि उसके साथ है ऐ 'ज़ौक़' मेरी जान लगी

लायी हयात[2], आये; क़ज़ा ले चली, चले
अपनी खुशी न आये न अपनी खुशी चले
बेहतर तो है यही कि न दुनिया से दिल लगे
पर क्या करें जो काम न बे दिल-लगी चले
कम होंगे इस बिसात[3] पे हम जैसे बद-क़िमार[4]
जो चाल हम चले सो निहायत बुरी चले
हो उम्रे-ख़िज्र[5] भी तो कहेंगे ब-वक़्ते-मर्ग[6]
हम क्या रहे यहां अभी आये अभी चले
दुनिया ने किस का राहे-फ़ना में दिया है साथ
तुम भी चले चलो युंही जब तक चली चले
नाज़ां न हो ख़िरद[7] पे जो होना है वो ही हो
दानिश[8] तेरी न कुछ मेरी दानिशवरी चले
जाते हवाए-शौक़[9] में हैं इस चमन से 'ज़ौक़'
अपनी बला से बादे-सबा[10] अब कभी चले

---

1. संसार-सागर 2. ज़िन्दगी 3. ज़मीन पर बिछाने का कपड़ा (यहाँ जुए की फड़ से तात्पर्य है) 4. कच्चे जुआरी 5. ख़िज्र जैसी उम्र (ख़िज्र अमर हैं) 6. मरते समय 7. बुद्धि 8. समझदारी 9. प्रेम की हवा 10. सुबह की ठंडी हवा

अगर तुम होते हो बरहम[1] अभी से
तो फिर होते हैं रुख़सत हम अभी से
लगे क्यों तुम पे मरने हम अभी से
लगाया जी को अपने ग़म अभी से
तेरे बीमारे-ग़म के हैं जो ग़मख़्वार
बरसता उन पे है मातम अभी से
तुम्हारा मुझ को पासे-आबरू[2] था
वगर्ना अश्क थम जाते अभी से?
मुआ जाना मुझे ग़ैरों ने ऐ 'ज़ौक़'
कि फिरते हैं खुशो-खुर्रम अभी से

हालत नशे में देखना उस बे-हिजाब[3] की
हर नाज़ से टपकती है मस्ती शराब की
कूचे में आ पड़े थे तेरे ख़ाक होके हम
यां तो सबा[4] ने और भी मिट्टी खराब की
ऐ 'ज़ौक़' बस न आपको सूफ़ी जताइए
मालूम है हक़ीक़ते-'हू-हक'[5] जनाब की

1. कुपित 2. इज़्ज़त का ख़याल 3. बे-पर्दा 4. सुबह की हवा 5. 'हू-हक़' (सूफ़ियों का नारा) की असलियत

ख़त[1] बढ़ा, काकुल[2] बढ़े, ज़ुल्फ़ें बढ़ीं, गेसू बढ़े
हुस्न की सरकार में जितने बढ़े हिन्दू[3] बढ़े
बाद रंजिश के गले मिलते हुए रुकता है जी
अब मुनासिब है यही कुछ मैं बढ़ूं कुछ तू बढ़े
वाह साक़ी क्या ही दी है दारुए-फ़रहत-फ़ज़ा[4]
जिसके इक क़तरे से सेरों जिस्म में लहू बढ़े
चर्ख़[5] पर नूरे-क़मर[6] रातों बढ़े रातों घटे
हुस्न तेरा रोज़-बर-रोज़ ऐ हिलाल-अब्रू[7] बढ़े
चाहता है दिल बढ़े उल्फ़त की उनसे रस्मो-राह
पर वहां काबू नहीं किस तरह बेक़ाबू बढ़े
पेशवाई को ग़मे-जानां की चश्मो-दिल से 'ज़ौक़'
जब बढ़े नाले तो उनसे पेशतर आंसू बढ़े

---

1. रेखें 2. ज़ुल्फ़ें 3. काला 4. आनन्ददायिनी सुरा 5. आसमान 6. चाँदनी 7. नये चाँद जैसी भवों वाला (प्रियतम)

इस सदमा दर्दे-दिल से मेरी जान पर तो है
लेकिन बला से, यार के ज़ानू पे सर तो है
आना है गर्चे उनका क़यामत पे मुनहसिर
हम खुश हैं यह कि आने की उनकी ख़बर तो है
ऐ शमअ! दिल है रोने में जलता तो क्या हुआ
हो जाती इससे रात बला से बसर तो है
तुरबत[1] पे दिलजलों के नहीं गो चिराग़ो-गुल
सीने में सोज़िशे-दिलो-दाग़े-जिगर[2] तो है
वह दिल कि जिसमें सोज़े-मुहब्बत न होवे 'ज़ौक़'
बेहतर है उससे संग[3] कि उसमें शरर[4] तो है

खुदा ने मेरे दिया सीना लाला-ज़ार[5] मुझे
बुतो! न बन के नज़र आओ तुम बहार मुझे
निगह ने उसकी किया सख़्त बेक़रार मुझे
बला से मार दे आकर कोई कटार मुझे
जमाले-यार[6] ने मुड़कर भी देखने न दिया
पुकारते रहे दैरो-हरम[7] हज़ार मुझे
हवाए-वादी-ए-वहशत[8] मुझे मुबारक थी
दिखा रहे हैं चमन की ये क्या बहार मुझे
न देता इश्क़ अगर चश्मे-अश्कबार[9] ऐ 'ज़ौक़'
जला चुकी थी मेरी आहे-शोला-बार[10] मुझे

---

1. कब्र 2. दिल की तपन और कलेजे का दाग़ 3. पत्थर 4. चिंगारी 5. गुले-लाला की क्यारी 6. प्रियतम का सौन्दर्य 7. काबा और मन्दिर 8. उन्माद की घाटी की हवा 9. रोती हुई आँख 10. जलाने की आह

चश्मे-क़ातिल हमें क्योंकर न भला याद रहे
मौत इंसान को लाज़िम है सदा याद रहे
दो वरक़ में कफ़े-हसरत[1] के दो-आलम का है इल्म
सबक़े-इश्क़ अगर तुमको दिला[2] याद रहे
जब ये दींदार[3] हैं दुनिया की नमाज़ें पढ़ते
काश! उस वक़्त इन्हें नामे-खुदा याद रहे
महव[4] इतने भी न हो इश्क़े-बुतां में ऐ 'ज़ौक़'
चाहिए बंदे को हर वक़्त खुदा याद रहे

तदबीर न कर, फ़ायदा तदबीर में क्या है
कुछ यह भी ख़बर है तेरी तक़दीर में क्या है
ऐ अहले-नज़र[5] आलमे-तसवीर[6] को देखो
तसवीर का क्या देखना तसवीर में क्या है
यह गुंचाए-तसवीर खिला है न खिलेगा
क्या जाने दिले-आशिक़े-दिलगीर में क्या है

'ज़ौक़' उस लबे-शीरीं[7] का जो तू वस्फ़[8] है कहता
क्या कहिए हलावत[9] तेरी तक़रीर में क्या है

---

1. दु:ख में मले जाने वाले हाथ 2. ऐ दिल! 3. धार्मिक लोग 4. आत्म-विस्मृत 5. देखने वाली 6. विस्मृति की स्थिति 7. मीठे होंठ 8. प्रशंसा 9. मिठास

परीरू[1]! क्या सितमगर पेशतर ऐसे न होते थे
वलेकिन जैसे तुम हो फ़ित्नागर ऐसे न होते थे
सफ़र है अब की जां का हज़रते-दिल बैठे हैरां हैं
परेशां वर्ना यूं गिर्दे-सफ़र ऐसे न होते थे
हमारे आबलों में आब है या आबदारी है
कि पहले ख़ोरे-सहरा तेज़तर ऐसे न होते थे
सितम दुनिया के जो-जो थे सितमगर! दिल पे गुज़रे थे
मगर सदमे हमारी जान पर ऐसे न होते थे
हमारे शे'र सुनकर 'ज़ौक़' जैसे बज़्मे-आलम[2] में
हुए क़ायल हैं अब अहले-नज़र[3] ऐसे न होते थे

ख़मे-अब्रू[4] तेरा ऐ यार नज़र आता है
कोई खैंचे हुए तलवार नज़र आता है
मस्ते-चमन उसका जो मैख़्वार[5] नज़र आता है
है तो दीवाना पे हुशियार नज़र आता है
ख़्वाबे-ग़म में भी है आराम, अगर आ जाये
है वो बेचैन जो हुशियार नज़र आता है

1. परी जैसे (सुन्दर) मुखवाला 2. संसार 3. मर्मज्ञ 4. भवों का टेढ़ापन 5. शराबी

हाय ऐ दस्ते-जुनूं[1] तारे-नफ़स[2] छोड़ दिया
तन पे तो मुझको नहीं तार नज़र आता है
जो जवांमर्द अ़लायक़[3] में फंसा है वो मुझे
शेर पिंजरे में गिरफ़्तार नज़र आता है
चश्मे-साक़ी ने ये मैख़ाने में फैलाया कुफ़्र
गर्दने-शीशा[4] में जुन्नार[5] नज़र आता है
दुरे-मज़मूं[6] हैं तेरे 'ज़ौक़' ज़िबस[7] बेशबहा[8]
कम कोई इनका ख़रीदार नज़र आता है

फिरता लिये चमन में है दीवानापन मुझे
ज़ंजीरे-पा[9] है मौजे-नसीमे-चमन[10] मुझे
हूं शमअ़ या कि शो'ला ख़बर कुछ नहीं मगर
फ़ानूस हो रहा है मेरा पैरहन[11] मुझे
कूचे में तेरे कौन था लेता भला ख़बर
शब[12] चांदनी ने आके पिन्हाया कफ़न मुझे
रखता है चश्म लुत्फ़ पे किस-किस अदा के साथ
देता है जाम साक़ी-ए-पैमां-शिकन[13] मुझे

---

1. उन्माद का हाथ 2. साँस का तार 3. सांसारिक बन्धन 4. सुराही की गर्दन 5. जनेऊ 6. सूक्ति, मुक्ता 7. बहुत 8. कीमती 9. पैरों की ज़ंजीर 10. बाग़ की हवा का झोंका 11. कपड़ा 12. रात 13. तौबा तुड़वाने वाला साक़ी

दिखलाता इक अदा में है सौ-सौ तरह बनाव
इस सादापन के साथ तेरा बांकपन मुझे
आया हूं नूर लेके मैं बज़्मे-सुखन[1] में 'ज़ौक़'
आंखों पे सब बिठायेंगे अहले-सुख़न[2] मुझे

न दें गवाही जो दाग़े-कुहन[3] नहीं देते
दिखाई क्या मेरे तन पर चमन नहीं देते
हैं मना कर रहे रोने को जो ये नादां दोस्त
बुझाने क्यों मुझे दिल की जलन नहीं देते
बयाने-शैख़ जो है वस्फ़े-हूरो-शो'लाए-तूर[4]
ज़रा दिखा उसे अपनी फबन नहीं देते
पड़े हैं दामने-कोहसार-ओ-दामने-सहरा[5]
तेरे शहीद को दो गज़ कफ़न नहीं देते
गुलों से बन चुके जब हाथ दोनों गुलदस्ता
तो बोले 'ज़ौक़' जला तन-बदन नहीं देते

दिल के मुफ़लिस जो तवंगर[6] थे तो क्या पत्थर थे
अब तो कंकर हैं जो गौहर[7] थे तो क्या पत्थर थे
ताजे-शाही में जगह पायी तो क्या हाथ आया
और धरे गर तेरे दर पर थे तो क्या पत्थर थे

---

1. काव्य-सभा 2. कविगण 3. पुराने दाग़ 4. हूर और नूर की ज्योति की प्रशंसा 5. पहाड़ और जंगल के आँचल में 6. धनवान 7. मोती

कह न बुतख़ाने में ऐ शैख़ बुतों को दिल-संग[1]
वां तेरे काबे के अंदर थे तो क्या पत्थर थे
साक़िया ख़ाक है गर शीशए-दिल मेरा तो क्या
और बिलौरीं[2] तेरे साग़र[3] थे तो क्या पत्थर थे
संग-दिल वह रहे ए 'ज़ौक़' सदा हक़ में मेरे
ग़ैर के हक़ में जो जौहर थे तो क्या पत्थर थे

ख़याल दिल में परी न लाओ हमारे दिल में तुम्हारा घर है
तुम आते आओ नहीं न आओ हमारे दिल में तुम्हारा घर है
ये दिल आईना, तुम हो सूरत, नहीं यहां नाम को कदूरत[4]
किसी को घर में बुला बिठाओ हमारे दिल में तुम्हारा घर है
ग़लत है, तोहमत है, इफ़तरा[5] है कि हमने दिल और को दिया है
किसी के कहने पे तुम न जाओ हमारे दिल में तुम्हारा घर है
गयी है रात अब बहुत ज़ियादा किधर का करते हो तुम इरादा
न घर के जाने की अब सुनाओ हमारे दिल में तुम्हारा घर है
मकाने-दीदा[6] पसंदे-ख़ातिर अगर नहीं है कि होंगे ज़ाहिर
तो ख़ैर तशरीफ़ तुम न लाओ हमारे दिल में तुम्हारा घर है
तुम उसको दो दाग़ मिस्ले-लाला, किया करो बैठ कर उजाला
बिगाड़ो तुम इसको या बनाओ हमारे दिल में तुम्हारा घर है
यही ज़बां से है 'ज़ौक़' कहता तुम्हारा है ध्यान इसमें रहता
जुदा मकां और क्यों बनाओ हमारे दिल में तुम्हारा घर है

---

1. कठोर हृदय 2. बिल्लौर (एक चमकता पत्थर) के 3. प्याले 4. मैल 5. झूठ 6. आँख-रूपी घर

सबको दुनिया की हवस ख़्वार लिये फिरती है
कौन फिरता है? ये मुरदार लिये फिरती है
फिरता सरगश्ता[1] ज़माने में भला क्यों ख़ुर्शीद[2]
हवसे - गर्मिए - बाज़ार[3] लिये फिरती है
कर दिया क्या तेरे अब्रू ने इशारा क़ातिल
कि क़ज़ा हाथ में तलवार लिये फिरती है
जाके फिरना न था इक बार जहां, वां मुझको
बेक़रारी मेरी सौ बार लिये फिरती है

ज़ाहिद को अगर सद्क़ो-सफ़ा[4] भी है तो क्या है
बे-दर्द अगर दिल ब-ख़ुदा[5] भी है तो क्या है
आज़ारे-मुहब्बत का मज़ा क्या कहूं जिसकी
है दर्द दवा, देखो दवा भी है तो क्या है
सेराब[6] न हो जिससे कोई तिश्ना-ए-मक़सूद[7]
ऐ 'ज़ौक़' जो वह आबे-बक़ा[8] भी है तो क्या है

1. मारा-मारा 2. सूर्य 3. नाम की इच्छा 4. पवित्रता 5. ईश्वर की ओर 6. तृप्त 7. प्यासा 8. अमृत

छुपा के फूलों में मुंह सबा से जो मुस्कुराये सहर[1] कली है
तबस्सुम[2] उस गुल का याद करके हुई अजब दिल को बेकली है
तपिश दिखायी जो मैंने दिल की तो लोटा परवाना दाग़ खाकर
दिखाया तुमने जो रूए-रौशन[3] तो शमा महफ़िल में क्या जली है
बनाओ लिल्लाह चोबे-संदल[4] से मेरा ताबूत ऐ अज़ीज़ो
कि क़त्ल मुझको किया किसी ने दिखा के रंग अपना संदली है

यां लग चुके सब दीनो-दिलो-जान ठिकाने
अब तक नहीं काफ़िर तेरा ईमान ठिकाने
क्या जाने ख़बर लाया है क्या बांसे कि क़ासिद
आते नहीं तेरे नज़र औसान ठिकाने

हम हैं गुलाम उनके जो हैं वफ़ा के बंदे
इसको यक़ीन करना गर हो खुदा के बंदे
मत भूल बंदगी पर ग़र्रे[5] में आके बंदे
ज़ाहिद से ता-ब-फ़ासिक़[6] सब हैं खुदा के बंदे

हम बुतों को अपने जज़्बे-दिल[7] से खैंचे जायेंगे
पर बड़े पत्थर हैं ये, मुश्किल से खैंचे जायेंगे
देखें तो कब तक नहीं करते तेरे दिल में असर
हम भी नाले अपने जज़्बे-दिल से खैंचे जायेंगे

---

1. सुबह 2. मुस्कुराहट 3. सुन्दर मुख 4. चंदन की लकड़ी 5. घमंड 6. पापी तक 7. प्रेम का खींचने वाला असर

कहां हम और कहां ग़म, मैकशों[1] को ग़म से क्या निस्बत
मगर ऐ हज़रते-दिल आपने यह मेहरबानी की

जो दिल से अपने दमे-आतशीं[2] निकल जाये
फ़लक के पांव तले से ज़मीं निकल जाये

पिला मय[3] आशकारा[4] हमको किसकी साक़िया चोरी
खुदा की जब नहीं चोरी तो फिर बन्दे की क्या चोरी

रातों को न हू-हक़ कर ऐ शैख़े मुनाजाती[5]
सोते हुए चौंकेंगे रिन्दाने-ख़राबाती[6]

क़तरा-क़तरा आंसू जिसके तूफ़ां-तूफ़ां शिद्दत है
टुकड़े-टुकड़े दिल जो पड़ा है तूदा-तूदा[7] हसरत है

डसा हो काले ने जिसको काफ़िर तो वह फुसूं[8] के असर से खेले
दहानो-गेसू[9] का तेरे मारा न मुंह से बोले न सर से खेले

---

1. शराबियों 2. जलती आह 3. शराब 4. खुले तौर से 5. प्रार्थना-रत शैख 6. शराबी 7. ढेर की ढेर 8. जादू 9. मुँह और केशराशि

बेक़रारी का सबब हर काम की उम्मीद है
नाउमेदी से मगर आराम की उम्मीद है

बाक़ी है दिल में शैख़ के हसरत गुनाह की
काला करेगा मुंह भी जो दाढ़ी सियाह की

दर्दे-दिल से लोटता हूं मेरा किसको दर्द है
मैं हूं लफ़्ज़े-दर्द[1] जिस पहलू से देखो दर्द है

दिल गिरफ़्तार हुआ यार की अय्यारी से
हम गिरफ़्तार हुए दिल की गिरफ़्तारी से

वो लाले-शीरीं[2] किसी के दिल की इलाही क्या हो गया दवा है
कि मीठा-मीठा सा दर्द कल से मेरे कलेजे में हो रहा है

कितने मुफ़लिस हो गये कितने तवंगर[3] हो गये
ख़ाक में जब मिल गये दोनों बराबर हो गये

---

1. दर्द का शब्द उर्दू में इस तरह लिखा जाता है कि आगे-पीछे दोनों ओर से 'दर्द' ही पढ़ा जाता है 2. मीठे होंठ 3. धनवान

उल्फ़त का नशा जब कोई मर जाय, तो जाये
यह दर्दे-सर ऐसा है कि सर जाय तो जाये

फिर बहार आयी कफ़े-हर-शाख़[1] पर पैमाना है
हर रविश पर जल्वाए-बादे-सबा[2] मस्ताना है

होता न अगर दिल तो मुहब्बत भी न होती
होती न मुहब्बत तो ये आफ़त भी न होती

करे काबे में क्या जो सिर्रे-बुतख़ाना[3] से आगाह[4] है
यहां तो कोई सूरत भी वहां अल्लाह ही अल्लाह है

ख़ाक उड़ाता दश्त[5] में जब तेरा सौदाई[6] फिरे
फिर बगूला तो है क्या आंधी भी बौलाई फिरे

तेरी उम्रे-दो-रोज़ा[7] ग़ाफ़िल इक पुतली है दो कल की
कि इक कल रोज़े-आख़िर[8] की है इक कल रोज़े-अव्वल की

1. हर डाल की हथेली 2. हवा की चाल 3. मन्दिर के रहस्य 4. जानकार 5. जंगल 6. पागल
7. दो दिन का जीवन 8. अन्तिम (मौत का) दिन

दिखाने को नहीं हम मुज़्तरिब[1], हालत ही ऐसी है
मसल है-रो रहे हो क्यों, कहा सूरत ही ऐसी है

पहले बुतों के इश्क़ में ईमान पर बनी
फिर ऐसी आ बनी कि मेरी जान पर बनी

जिस तरह माह[2] सारे सितारों में एक है
यूं मेरा मह-जबीं[3] भी हज़ारों में एक है

कहते हैं आज 'ज़ौक़' जहां से गुज़र गया
क्या खूब आदमी था, खुदा मग़फ़रत[4] करे

1. बेचैन 2. चाँद 3. सुन्दर प्रियतम 4. पाप क्षमा करना

रुबाइयाँ

क्या फ़ायदा फ़िक्रे-बेशो-कम[1] से होगा
हम क्या हैं जो कोई काम हम से होगा
जो कुछ कि हुआ हुआ करम[2] से तेरे
जो कुछ होगा तेरे करम से होगा

दिल को सरे-बाज़ारे-जहां कर न उचाट
जिस तरह बने सूदो-ज़ियां[3] में दिन काट
ऐ 'ज़ौक़' फ़लक[4] के जब हैं बारह हिस्से
सौदा न हो क्यों ज़ेरे-फ़लक बारह-बाट

आंख उसकी नशे में जब गुलाबी हो जाय
सूफ़ी उसे देखे तो शराबी हो जाय
दिखलाये जो वह रूए-किताबी[5] ऐ 'ज़ौक़'
सब मदरसा काफ़िरे-किताबी हो जाय

जिन दांतों से हंसते थे हमेशा खिल-खिल
अब दर्द से हैं वही रुलाते हिल-हिल
पीरी[6] में कहां अब वो जवानी के मज़े
ऐ 'ज़ौक़' बुढ़ापे से हैं दांता-किल-किल

1. कम-ज़्यादा की चिंता 2. कृपा 3. हानि-लाभ 4. आसमान 5. किताबी चेहरा 6. बुढ़ापा

दुनिया के अलम 'ज़ौक़' उठा जायेंगे
हम क्या कहें क्या आये थे क्या जायेंगे
अब आये थे रोते हुए आप आये थे
अब जायेंगे औरों को रुला जायेंगे

दिल जिनका है आहन[1] की तरह सख़्तो-सियाह
वो लुत्फ़े-सुख़न[2] से नहीं होते आगाह
बद-अस्ल[3] को क्या नामे-खुदा कोई बताय
बंदूक का तोता न कहे 'हक़-अल्लाह'[4]

इस जिहल[5] का है 'ज़ौक़' ठिकाना कुछ भी
दानिश[6] ने किया दिल को न दाना कुछ भी
हम जानते थे इल्म से कुछ जानेंगे
जाना तो ये जाना कि न जाना कुछ भी

जब तक थे गिरह में अहमक़ों के पैसे
सब कहते थे उनको आप ऐसे-ऐसे
मुफ़लिस जो हुए तो फिर किसी ने एक 'ज़ौक़'
पूछा न कि थे कौन वो ऐसे तैसे

---

1. लोहा 2. काव्य का आनन्द 3. बुरा आदमी 4. 'ईश्वर सच्चा है' 5. अज्ञान 6. बुद्धि

सेहरा

ऐ जवां बख़्त! मुबारक तुझे सर पर सेहरा
आज है यम्नो-सआदत[1] का तेरे सर सेहरा
आज वो दिन है कि लाये दुरे-अंजुम[2] से फ़लक[3]
कश्तिए-ज़र[4] में महे-नौ[5] का लगा कर सेहरा
ताबिशे - हुस्न[6] से मानिंदे - शुआए - खुर्शीद[7]
रुख़े - पुरनूर[8] पे है तेरे मुनव्वर[9] सेहरा
वह कहे सल्ले-अला[10] यह कहे सुबहान-अल्ला
देखें मुखड़े पे जो तेरे महो-अख़्तर[11] सेहरा
ता बने और बनी में रहे इख़्लास[12] बहम[13]
गूंधिए सूरा-ए-इख़्लास[14] को पढ़कर सेहरा
धूम है गुल्शने-आफ़ाक[15] में इस सेहरे की
गायें मुरग़ाने-नवासंज[16] न क्योंकर सेहरा
रूए-फ़र्रुख़[17] पे जो हैं तेरे बरसते अनवार[18]
तारे-बारिश से बना एक सरासर सेहरा
एकको एक पे तज़ई[19] है दमे-आरायश[20]
सर पे दस्तार[21] है दस्तार के ऊपर सेहरा

---

1. मुबारक होना 2. सितारों के मोती 3. आसमान 4. सुनहरी किश्ती 5. नया चाँद 6. सौन्दर्य की चमक 7. सूर्य-किरण की भाँति 8. दीप्त मुखमंडल 9. चमकता हुआ 10. एक प्रशंसा-वाक्य 11. चाँद-तारे 12. प्रेम 13. परस्पर 14. *कुरान* का एक भाग 15. दुनिया का बाग़ 16. गाने वाले पक्षी 17. मुबारक चेहरा 18. ज्योतियों 19. लज्जा 20. सजने के समय 21. पगड़ी

इक गुहर[1] भी नहीं सद-काने-गुहर[2] में छोड़ा
तेरा बनवाया है ले ले के जो गौहर[3] सेहरा
फिरती खुशबू-सी है इतरायी हुई बादे-बहार[4]
अल्ला-अल्लाह रे फूलों का मुअ़त्तर[5] सेहरा
सर पे तुर्रा है मुज़य्यन[6] तो गले में बद्धी
कंगना हाथ में ज़ेबा है तो सर पर सेहरा
रू-नुमाई[7] में तुझे दे महो-खुर्शीद[8] फ़लक
खोल दे मुंह को जो तू मुंह से उठा कर सेहरा
कसरते-तारे-नज़र[9] से है तमाशाइयों के
दमे-नज़्ज़ारा तेरे रूए-निकू[10] पर सेहरा
दुरे-खुश-आबे-मुसफ़्फ़ा[11] में बना कर लाया
वास्ते तेरे तेरा 'ज़ौक़े'-सनागर[12] सेहरा
जिनको दावा हो सुख़न[13] का ये सुना दो उनको
देखो इस तरह से कहते हैं सुख़नवर सेहरा[14]

---

1. मोती 2. समुद्र 3. मोती 4. वसंती हवा 5. सुगंधित 6. शोभित 7. मुँह-दिखाई 8. चाँद-सूरज 9. दृष्टि-जाल की अधिकता 10. सुन्दर मुखमंडल 11. बहुत कीमती पानीदार मोती (सत्काव्य) 12. प्रशंसक 'ज़ौक़' 13. कविता 14. यह सेहरा 'ग़ालिब' के सेहरे की होड़ में लिखा गया था। 'ग़ालिब' ने बहादुरशाह के शहज़ादे जवां बख़्त की शादी पर इसी ज़मीन में सेहरा लिखा था। 'ज़ौक़' बादशाह के कविता-गुरु थे। बादशाह को ख़याल हुआ कि 'ग़ालिब' ने 'ज़ौक़' पर चोट की है। उन्होंने 'ज़ौक़' को बुलाकर बैठे-बैठे उपर्युक्त सेहरा लिखवा लिया।

मसनवी

चाहिए नाम उसी का ऐ ख़ामा[1]
ज़ीनते - नामा[2] ज़ेबे - सरनामा
है फ़लक इक नमूना कुदरता का
का क़लमदां हज़ार सनअ़त[3] का
रुख़े-क़लमदां[4] को सफ़ाई दी
और सियाही को रौशनाई[5] दी
दिया कुमरी को मिसरए-नाला
मिसरए-क़द्दे-सर्व[6] पर बाला[7]
की अ़ता[8] नौख़तों[9] को किल्के-अदा[10]
किया आ़शिक़ को तख़्ता-मश्क़े-जफ़ा[11]
नमक-अफ़्शां[12] है इश्क़े-शोर-अंगेज़[13]
ज़ख़्मे-दिल करते हैं बरेज़-बरेज़[14]
अ़क्स है सब्ज़ाए-लबे-जू[15] का
दश्ना[16] क़ौसे-कुज़ह[17] के अब्रू का

---

1. कलम 2. पत्र की शोभा 3. काला 4. कागज़ का मुँह 5. चमक 6. सर्व को क़द-रूपी मिसरा 7. अच्छा 8. दान 9. नयी उम्र के लोग 10. अदा-रूपी क़लम 11. वह तख़्ती जिस पर जुल्म का अभ्यास किया जाये 12. नमक छिड़कने वाला 13. नमक छिड़कने वाला (या शोर करने वाला) इश्क 14. गिरा 15. नहर के किनारे की घास 16. खंजर 17. इन्द्र-धनुष

आये गुलशन में फ़स्ले-गुल[1] सौ बार
बुलबुलें हों तराना-संज[2] हज़ार
साक़िया जल्द उठ दरंग[3] न कर
अरसा[4] मतलब का देख तंग न कर
ताक़ से तू उतार ले शीशा[5]
ताक़ पर रख किताबे-अंदेशा
शीशाए-मय[6] की यह दराज़ ज़बान
और फिर यह सितम कि पंबा-दहान[7]
मैं हूं मानिंदे-साग़रे-लबरेज़[8]
जांबलब[9], जांबलब को क्या परहेज़
झूम-झूम ऐसे बादल आने लगे
पांव तौबा के लड़खड़ाने लगे
करदे यां तक मुझे नशे में चूर
ताकि मानिंदे - खोशाए - अंगूर[10]
दिल के सारे फफोले फोड़ूं मैं
नुक्ता[11] बाक़ी कोई न छोड़ूं मैं
शवे-हिजरां बसर नहीं होती
नहीं होती सहर नहीं होती

---

1. बहार 2. गाने वाली 3. हिचक 4. मैदान 5. सुराही 6. शराब की सुराही 7. मुँह में रुई ठूँसे 8. भरे प्याले की तरह 9. मरणासन्न, जिसकी जान होठों पर आयी हो 10. अंगूर का गुच्छा 11. बात

बिस्तरे - रंजो - कुंजे - तनहाई[1]
रात क्या आयी इक बला आयी
शाम से हाल है ये सुबह तलक
नहीं लगती मेरी पलक से पलक
क्यों नहीं बोलते सहर के तयूर[2]
क्या शफ़क़[3] ने खिला दिया सिंदूर
गर लिखूं ख़त में बेक़रारी-ए-दिल
नामाबर[4] हो कबूतरे-बिस्मिल
मुज्तरिब[5] अब जो हो रहा दिल है
दिल है या मुर्ग़े-नीम-बिस्मिल[6] है
दिल की वाशुद[7] की क्या करूं तदबीर
गुंचाए-दिल है गुंचाए-तसवीर
जान बेताब जैसी बेकल बर्क़[8]
वह भी गर्मे-रहे-फ़ना-कलबर्क़[9]
नब्ज़ें छूटी हुईं, ग़शी तारी[10]
एक फुरक़त हज़ार बीमारी
दिल से रुख़्सत है सब्रो-ताक़त की
बेक़रारी ने इस्तक़ामत[11] की

1. रंज का बिस्तर और एकांत 2. पक्षीगण 3. सुबह की लाली 4. पत्रवाहक 5. बेचैन 6. आधा घायल पक्षी 7. खिलना 8. बिजली 9. बिजली की-सी तेज़ी से नाश की ओर जाने वाला 10. छाई हुई 11. ठहराव

हवसे - सैरे - बाग़ है किसको
दिल है किसको दिमाग़ है किसको
काट खाने को दौड़ता है घर
सगे-दीवाना[1] बन गया है घर
अब हो यक-लख़्त[2] दिल कि हो सद-लख़्त[3]
तन बतक़दीरे-संग आमदो-सख़्त[4]
हो चुकी दिल की अपने इश्क़ में ख़ैर
रहवें दरिया में और मगर से बैर
माह[5] बेमेहर[6] बल्कि दुश्मने-मेहर
हर सितम में सितम-शरीके-सिपहर[7]
बर्फ़ का वह ज़रा चमक जाना
और बग़ल में तेरा दुबक जाना
फ़ित्ना - उस्ताद[8] नरगिसे - फ़त्तां[9]
गिर्दे - मिज़गां[10] हजूमे - शागिर्दां[11]
रुख़[12] तआला[13] व ज़ुल्फ़ सले-अल्ला[14]
क़द वो सुबहान-रब्बे-अले-अल्ला[15]

---

1. पागल कुत्ता 2. एक टुकड़ा 3. सौ टुकड़े 4. पत्थर की तकदीर से बदन सख्त बना 5. चाँद 6. अकृपालु 7. आसमान के साथ मिलकर जुल्म ढाने वाला 8. मुसीबतों की उस्ताद 9. ज़ालिम आँख 10. पलकों के चारों ओर 11. शिष्यों का जमाव 12. चेहरा 13. ईश्वर 14. ईश्वर की छाया 15. ईश्वर की प्रशंसा

जुल्फ़े-जुम्बां[1] में रुख़ की बुर्राका[2]
करे मुश्शाइयों[3] को अशराकी[4]
गो अना-रब्ब-कुम[5] न मुंह से कहे
लेक[6] जारी ज़बाने - हर - मू[7] से
मछली बाजू की या हैं दो अलिफ़ैन[8]
ग़र्क़ाकश[9] बहे-ख़ूं[10] में मर्दुमे-ऐन[11]
कमरो-नाफ़[12] अज़-पए-दिले-ज़ार[13]
रिश्ताए - कारो - उक़्दए - दुश्वार[14]
रंगे-पां लाले - रूह - अफ़ज़ा[15] पर
खून साबित करे मसीहा[16] पर

❑❑❑

1. हिलते बाल 2. गोरापन 3. तर्क-शास्त्री 4. रहस्यवादी 5. ''मैं खुदा हूँ'' 6. किन्तु 7. रोम-रोम की जिह्वा से 8. दो अलिफ 9. डूबी हुई 10. खून का समुद्र 11. आँख की पुतली 12. कमर तथा नाभि 13. दुखी हृदय को और सताने वाली 14. काम के डोरे में लगी हुई कठिन गाँठ 15. सुखदायक होंठ 16. ईसा मसीह

राजपाल एण्ड सन्ज़ की स्थापना एक शताब्दी पूर्व 1912 में लाहौर में हुई थी। आरम्भिक दिनों में अधिकतर धार्मिक, सामाजिक और देश-प्रेम की पुस्तकें प्रकाशित होती थीं और हिन्दी के अतिरिक्त अंग्रेज़ी, उर्दू व पंजाबी भाषा में भी पुस्तकें प्रकाशित की जाती थीं।

1947 में भारत-विभाजन के बाद राजपाल एण्ड सन्ज़ को नए सिरे से दिल्ली में स्थापित किया गया और साहित्यिक पुस्तकों के प्रकाशन का आरम्भ हुआ। रामधारी सिंह दिनकर, महादेवी वर्मा, बच्चन, अज्ञेय, शिवानी, आचार्य चतुरसेन, विष्णु प्रभाकर, राजेन्द्र यादव, मोहन राकेश, रांगेय राघव, कमलेश्वर और अन्य साहित्यिक लेखकों की कृतियाँ यहाँ से प्रकाशित होने लगीं। राजपाल एण्ड सन्ज़ से प्रकाशित *मधुशाला, कुरुक्षेत्र, मानस का हंस, आवारा मसीहा, कितने पाकिस्तान, आषाढ़ का एक दिन* जैसी पुस्तकें हिन्दी साहित्य की 'क्लासिक पुस्तकें' मानी जाती हैं और आज भी लोकप्रियता के शिखर पर हैं। भारत के राष्ट्रपतियों और प्रधानमंत्रियों की पुस्तकें प्रकाशित करने का गौरव भी राजपाल एण्ड सन्ज़ को प्राप्त है। नोबेल पुरस्कार से सम्मानित अर्थशास्त्री डॉ. अमर्त्य सेन की सभी पुस्तकों के हिन्दी अनुवाद यहाँ से प्रकाशित हैं। अन्तरराष्ट्रीय चर्चित पुस्तकों के अनुवाद, विश्वविख्यात कोशकार डॉ. हरदेव बाहरी द्वारा सम्पादित 'राजपाल' शब्दकोशों की श्रृंखला और किशोरों के लिए सैकड़ों पुस्तकें राजपाल एण्ड सन्ज़ से प्रकाशित हुई हैं।

पाठकों के स्वस्थ और सुरुचिपूर्ण मनोरंजन और ज्ञानवर्धन के लिए समर्पित राजपाल एण्ड सन्ज़ से हिन्दी और अंग्रेज़ी में पुस्तकें प्रकाशित होती हैं जो देश के सभी बड़े पुस्तक-विक्रेताओं और विश्व भर के ऑनलाइन विक्रेताओं के यहाँ उपलब्ध हैं।

राजपाल एण्ड सन्ज़

1590 मदरसा रोड, कश्मीरी गेट, दिल्ली-6, फोन: 011-23869812, 23865483
email: sales@rajpalpublishing.com, facebook: facebook.com/rajpalandsons
website: www.rajpalpublishing.com

'लोकप्रिय शायर और उनकी शायरी' शृंखला की अन्य पुस्तकें

- फ़ैज़
- ज़ौक
- जिगर
- मजाज़
- इक़बाल
- ग़ालिब
- क़तील शिफ़ाई
- अख़्तर शीरानी
- सरदार जाफ़री
- मीर तक़ी 'मीर'
- जोश मलीहाबादी
- फ़िराक गोरखपुरी
- मजरूह सुलतानपुरी
- साहिर लुधियानवी
- नज़ीर अकबराबादी
- नासिर काज़मी

राजपाल एण्ड सन्ज़ से प्रकाशित
हरिवंशराय बच्चन का चर्चित काव्य-संग्रह

मधुशाला

मधुकलश

मधुबाला

ख़ैयाम की मधुशाला

मिलन यामिनी

सतरंगिनी

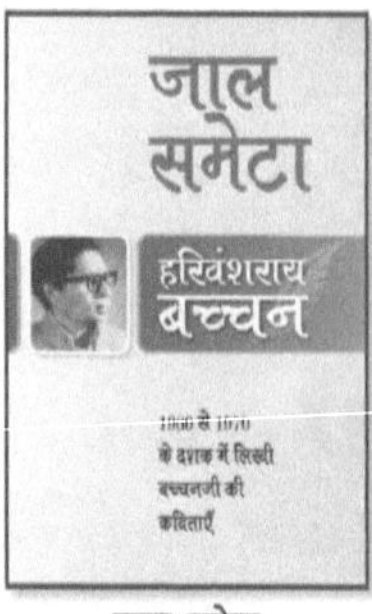

जाल समेटा

दो चट्टानें

निशा निमंत्रण

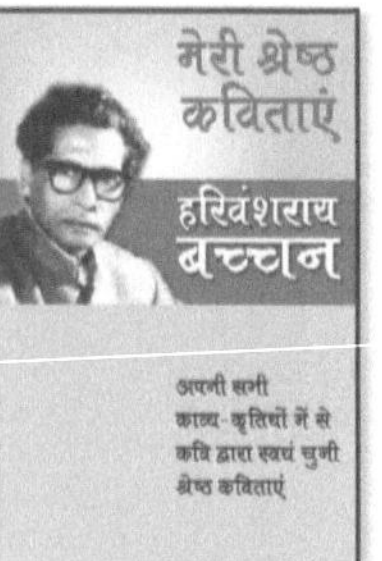

मेरी श्रेष्ठ कविताएं

भगवद्गीता

सभी पुस्तक विक्रेताओं और सभी
प्रमुख वेबसाइट पर उपलब्ध
www.rajpalpublishing.com

www.ingramcontent.com/pod-product-compliance
Ingram Content Group UK Ltd.
Pitfield, Milton Keynes, MK11 3LW, UK
UKHW040042200726
13854UKWH00001B/498

9 789386 534019